A Handbook
of
Russian
Prepositions

Frank J. Miller

A Handbook

of

Russian

Prepositions

Frank J. Miller
Columbia University

ISBN 0-941051-27-7

Focus Classical Library
Focus Information Group, Inc.
PO Box 369
Newburyport MA 01950

PREFACE

Russian prepositions are usually studied in conjunction with the case they govern rather than according to the syntactical relationships they express. This text treats Russian prepositions that express the most common syntactical relationships of place, time, and cause, reason, and purpose as well as quantitative and qualitative relationships.

Section I defines prepositions and discusses their pronunciation (including stress retraction) and spelling. Section II treats prepositions used to express spatial relationships. An important part of this section is a comprehensive list of nouns that, according to semantic category, combine only with the preposition *в* or only with the preposition *на* in answer to the questions *куда?* and *где?* This is followed by a discussion of commonly used nouns that combine with both *в* and *на* and for which the usual *в—из* and *на—с* correspondence does not apply. Also included in Section II is a discussion of prepositions used to indicate distance and mode of transportation. Section III treats prepositions used to express temporal relationships. Because of the wide range of synonymity used in expressing temporal relationships and because of the degree of variance in individual usage, Russian time expressions are especially problematic for the English-speaking student. This section begins with a basic review of time by the clock and time by the calendar. The remainder of this section is arranged according to time concurrent with a verbal action (including time coinciding with the duration of a verbal action and time within whose temporal limits a verbal action occurs);

time relative to another time (either before or after the verbal action or before or after the time denoted by the complement of the preposition); and repeated time. Section III concludes with a discussion of *давно, долго* and related adverbs. Section IV treats prepositions that indicate cause, reason and purpose and includes guidelines for the usage of *почему* and *зачем* in *"why"*-type questions. Section V covers prepositions that indicate quantifying relationships such as distribution, dimension and weight as well as some of the many prepositions used to qualify nouns and verbs.

This text is designed for classroom use at the advanced level as well as for individual study and reference. Therefore, the numerous exercises contained in it are of the more traditional grammar drill and translation type. The organization of prepositions according to their syntactic function as well as the examples provided in each discussion should provide an ample base of material for the instructor who teaches a proficiency-oriented class, for mastery of these simple prepositions is a vital part of achieving a superior level of proficiency in Russian.

All explanations and examples have been checked by native speakers of Russian and of English who teach at Columbia University, Middlebury College, Leningrad State University, and other institutions. I have found most native speakers of Russian to be ambivalent regarding the use of the preposition *в* with clock time in the first half hour in answer to the question *когда?* Most elementary textbooks for Americans teach students to use the preposition *в* plus the accusative case in such contexts. Many Russians, however, use only the accusative case in this context, and this usage is considered correct.[1]

ACKNOWLEDGEMENTS

Special thanks are due those students and their teachers who both here at Columbia University and at other schools have used previous versions of this book. I am also very grateful to Peter Patrikis and the Con-

---

[1]М. В. Всеволодова, *Способы выражения временных отношений в современном русском языке* (Москва, 1975), стр. 42. Vsevolodova regards the use of *в* and the accusative case as colloquial (*разговорное просторечье*). See also М. В. Всевололова и Г. Б. Потапова, *Способы выражения временных отношений* (Москва, 1973), стр. 26 and Е. Г. Баш и др., *Беспредложное и предложное управление* (Москва, 1959), стр. 144.

sortium for Language Teaching and Learning for distributing this book in its previous form.

My deepest appreciation goes to Prof. Maurice Levin of the University of Massachusetts for his close reading of this text and for his valuable comments. I am also grateful to Alina Israeli of the Middlebury Russian School for her comments and to Valentina Lebedeva for her final reading of the Russian text. I owe a special debt of gratitude to Ruth Pearce, Professor Emeritus of Bryn Mawr College, for getting me started on this project and for her work with me in its beginning stages.

Frank J. Miller
Columbia University
March 1991

This book was created in its entirety by the author with Microsoft Word 4.0® on a Macintosh SE/30® and printed on an Apple LaserWriter IINT®.

CONTENTS

Section III: EXPRESSING TEMPORAL RELATIONSHIPS

Nouns not Denoting Time Lexically

Section IV. EXPRESSING CAUSE, REASON, AND PURPOSE

A Handbook
of
Russian
Prepositions

Frank J. Miller

SECTION I
INTRODUCTION

§1. Definition: Prepositions are auxiliary or connective words (*служе́бные слова́*) which combine with noun, pronoun, or numeral complements to qualify some other word in a sentence or phrase. Prepositional phrases may answer questions such as:

Когда́? в полови́не второ́го   за 5 мину́т до его прихо́да
среди́ но́чи   на про́шлой неде́ле
через час   по́сле / до ча́са
при царе́   по оконча́нии университе́та
          в ца́рствование Екатери́ны Второ́й

Сколько времени?   до утра́   о́коло ча́са (ча́су)
                 с пя́того ию́ня до седьмо́го а́вгуста
                 с пя́того ию́ня по седьмо́е а́вгуста

Где?   в середи́не   в Москве́   на се́вере
            за грани́цей   при вхо́де   у окна́

Куда́?   в А́нглию   за грани́цу   в ко́смос
            на луну́   на уро́к   к окну́

Откуда?   из А́нглии   из Москвы́   с се́вера
            из-за грани́цы   из-под ка́мня   от окна́

Какой?   суп с лапшо́й   га́лстук в полоску   чай без са́хару
            Он весь в отца́   материа́л в горо́шек   письмо́ от дру́га
            пальто́ на ры́бьем меху́   ко́фе со сли́вками
            дипло́м об оконча́нии университе́та

Как?   с трудо́м   крича́ть во весь го́лос   по алфави́ту
            без труда́   с удово́льствием   с у́жасом
            рабо́тать под му́зыку   изо всех сил

Почему?   по боле́зни   из при́нципа   из-за пустя́ков

Prepositions always combine with an obligatory complement (a noun or noun substitute), but in the spoken language when context is clear, they may be used in elliptical (incomplete) constructions with understood complements:

Я вам скажу́ после.   *I'll tell you later / after (what's going on now).*
Я, коне́чно, за.   *I, of course, am for it (whatever we are talking about).*

All prepositions precede their complements, but the prepositions ради, навстречу, вслед, вопреки, and спустя may also follow their complements. Prepositions govern the *Accusative, Genitive, Prepositional (Locative), Dative, and Instrumental Cases.* Most prepositions govern only one case, but some may govern two or three cases.

PREPOSITIONS GOVERNING ONE CASE	PREPOSITIONS GOVERNING TWO CASES	PREPOSITIONS GOVERNING THREE CASES
БЕЗ+*GEN*	В+*ACC/PREP*	С+*GEN/INST/ACC*
ВОЗЛЕ+*GEN*	НА+*ACC/PREP*	ПО+*DAT/ACC/PREP*
ДЛЯ+*GEN*	О+*ACC/PREP*	
ДО+*GEN*	ЗА+*ACC/INSTR*	
ИЗ+*GEN*	ПОД+*ACC/INSTR*	
ИЗ-ЗА+*GEN*	МЕЖДУ+*INSTR/GEN*	
ИЗ-ПОД+*GEN*		
ОКОЛО+*GEN*		
ПОСЛЕ+*GEN*		
РАДИ+*GEN*		
У+*GEN*		
К+*DAT*		
ПРО+*ACC*		
СКВОЗЬ+*ACC*		
ЧЕРЕЗ+*ACC*		
НАД+*INSTR*		
ПЕРЕД+*INSTR*		
ПРИ+*PREP*		

§2. Types of Prepositions: Prepositions are classified as *underived* or *primary* prepositions (*первообра́зные предло́ги*) — prepositions which are not derived from other parts of speech — and as *derived* or *secondary* prepositions (*второобра́зные предло́ги*) — prepositions which are derived from other parts of speech.

2.1. The following prepositions are primary prepositions:

БЕЗ (БЕЗО)	К (КО)	ПОД (ПОДО)
В (ВО)	МЕЖДУ	ПРИ
ДЛЯ	НА	ПРО
ДО	НАД (НАДО)	РАДИ
ЗА	О (ОБ; ОБО)	С (СО)
ИЗ	ОТ (ОТО)	У
ИЗ-ЗА	ПЕРЕД (ПЕРЕДО)	ЧЕРЕЗ
ИЗ-ПОД	ПО	

2.2. The following prepositions are some of the more commonly occuring secondary prepositions. Many secondary prepositions are compound prepositions which may consist of a primary preposition plus another word or a primary preposition plus another word plus another primary preposition.

БЛАГОДАРЯ	НАЧИНАЯ С
В ЗАВИСИМОСТИ ОТ	ОКОЛО
В ТЕЧЕНИЕ	ПО СРАВНЕНИЮ С
ВО ВРЕМЯ	ПО ОТНОШЕНИЮ К
ВО ИМЯ	ПОПЕРЁК
ВНУТРИ	ПОСЛЕ
В СВЯЗИ С	ПРОТИВ
ВОПРЕКИ	ПУТЁМ
КРУГÓМ	СПУСТЯ
НАВСТРЕЧУ	СКВОЗЬ

§3. Pronounciation and Spelling of Prepositions: Primary prepositions ending in a consonant and the preposition O have expanded forms.

3.1.   Prepositions ending in consonants usually add -o before:

a)   Unqualified monosyllabic noun complements whose nominative contains a fleeting vowel:

во рту	ко дну	со дня	(but: с днём)
изо рта	со льдом	во сне	(but: в снах)
во мху	во льду	со сна	
во ржи	со лба	ко сну	
во рву	ко дню	со Львом	

b)   Words beginning with consonant clusters articulated in the same position or which would otherwise be difficult to pronounce together with the preposition. Some of the more commonly occurring of these words are:

безо всегó	во мгле	во Флорѝде
во Владивостóке	во мне	во флóте
во Владѝмире	во мнóгом	во фрáке
во влáсти	во мнóжестве	изо дня в день
во вся́ком (случае)	во мрáке	ко врéмени
во все, во всё	во рву	ко всем, ко всемý
во втóрник	во рту	ко втóрнику
во вторóй	во скóлько	ко вторóму
во Вьетнáме	во стóлько	ко мне
во главé (в главé)	вó сто крат	ко мнóгим
во дворé	во тьме	ко мнóгому

надо мной	со дня на́ день	со слу́жбы
ото всех	со зла	со стару́шкой
день ото дня	со зло́сти	со стены́
передо мной	со зло́стью	со сли́вками
со всем, все́ми, всей	со мно́гими	со смета́ной
со вся́кими	со мной	со среды́
со вто́рника	со стола́	со сла́вой
со двора́	со свои́м	со сне́гом
со дна	со спино́й	со ста́нции

Note the following fixed expressions with **ВО**:

> во весь го́лос, во весь рост
> во и́мя (Отца́ и Сы́на и Свято́го ду́ха)
> во избежа́ние (оши́бок, неприя́тностей)
> во-пе́рвых, во-вторы́х (*but:* в-тре́тьих)

3.2. The preposition **О** occurs before words beginning with a consonant or a jotated vowel (spelled е-, ё-, ю-, я-). **ОБ** occurs before words beginning with a non-jotated vowel (spelled а-, э-, и-, о-, у).[1] **ОБО** occurs before the object pronouns *что, всём, всех,* and *мне*.

об э́той исто́рии	об О́льге
об истори́ческом собы́тии	об уро́ке

о на́шем го́роде	о Яросла́вле
о его́ рабо́те	о Ю́жной Аме́рике
об их роди́телях / о их роди́телях[2]	

> Обо что вы уда́рились?
> Я зна́ю обо всём.
> Вы говори́те обо мне?

3.2.1. When **весь** is a qualifier, either **О** or **ОБО** is used:

> Расскажи́те мне о всех (обо всех) свои́х приключе́ниях.

3.3 Despite their spelling as separate words, primary prepositions (including their expanded forms) and their complements are pronounced as a single word unit. Vowels are reduced according to their position relative to the stress of the word unit, and a final

---

[1]Initial и- is pronounced ы- after **ОБ** and all prepositions ending in consonants: об их бра́те [*об ых бра́те*], в Индию [*в ы́ндию*], к Ива́ну [*к ыва́ну*], от Игоря [*от ы́горя*].

[2]The third person pronoun forms им, и́ми, их are sometimes pronounced with an initial jot (mainly by older speakers), and о or об may occur before the possessive modifier их, depending on the speaker's pronunciation.

hard consonant is either assimilated with the consonant that follows or is pronounced hard before **all** vowels including jotated vowels and **и-** (see footnote 1, page 6).

на стол	[nʌstól]	к югу	[kjúgu]
на столе́	[nʌstóļé]	в Я́лте	[vjáļţi]
с заво́да	[zzʌvódə]	к бра́ту	[gbrátu]
	через час [čiŗiščás]		

3.4. Monosyllabic primary prepositions usually have no stress. **МЕЖДУ, ПЕРЕД,** and **ЧЕРЕЗ** may have a slight secondary stress on the first syllable. **ИЗ-ЗА** and **ИЗ-ПОД** are never stressed.

3.4.1. When combined with an unqualified noun complement, some monosyllabic primary prepositions may attract the stress of the complement to themselves.

бе́рег - на́ бе́рег (*и* на бе́рег)
бок - на́ бок, бок о́ бок
весть - пропа́сть бе́з вести
вид - упусти́ть и́з виду
во́лосы - схвати́ть за́ волосы
год - бе́з году неде́ля
    на́ год
    с го́ду на́ год
голова́ - на́ голову (*и* на го́лову)
    как снег на́ голову
гора́ - по́д гору, на́ гору
го́род - за́ город, за́ городом
двор - по́ двору (*и* по двору́)
дом - до́ дому, и́з дому, на́ дом
    (*и* до до́ма, из до́ма, на до́м)
зима́ - на́ зиму (*и* на зи́му)
зуб - зуб на́ зуб не попада́ет
кол - посади́ть на́ кол
лёд - идти́ по́ льду (*и* по льду́)
лес - идти́ по́ лесу, и́з лесу
    (*и* по ле́су, из ле́са)
мо́ре - за́ море, на́ море
    (*и* за мо́ре, на мо́ре)
нога́ - встать на́ ноги
ночь - на́ ночь

пол - на́ пол
по́ле - по́ полю (*и* по по́лю)
река́ - на́ реку, за́ реку
рука́ - рука́ о́б руку, по́д руку
се́рдце - на́ сердце (*и* на се́рдце)
смерть - лежа́ть при́ смерти
    [разби́ться на́смерть (*adv.*)]
смех - на́ смех, со́ смеху
спина́ - за́ спину
стол - уда́рить по́ столу
у́гол - за́ угол
у́хо - на́ ухо, влюблён по́ уши
    Слон на́ ухо наступи́л.
час - час о́т часу

на́ два/три/пять/шесть/семь
за два/три/пять/шесть/семь
по́ два/три

Stress shift optional with the numerals:

   два/три/пять/шесть/семь

NOTE: Some of these stress shifts are more common than others. In contemporary Russian there is a tendency NOT to shift stress onto the preposition except in certain fixed expressions. Many of these stress shifts were obligatory in 19th-century literary Russian and in the spoken language, and they occur with great frequency in poetry and folklore.

3.4.2. Secondary prepositions retain their stress as independent words in pronunciation:

в связи́ с э́тим	о́коло до́ма
согла́сно пригово́ру	про́тив него́
поперёк доро́ги	сквозь зу́бы

§4. Third-person Personal Pronouns: Third-person personal pronouns always have an initial **н-** when they are the complement of a primary preposition or of a compound secondary preposition whose final element is a primary preposition. The initial **н-** is also obligatory when the pronoun is the complement of a secondary preposition derived from an adverb and governing the *GEN*.

без неё	для него	на нём	вокру́г него
перед ним	у них	из-за неё	среди́ них
ря́дом с ним	ми́мо них	о́коло них	во́зле него

по отноше́нию к нему́

But: благодаря́ ему   навстре́чу ему

NOTE:

1. An initial **н-** does not occur before the possessive pronoun qualifiers **его́, её, их**.

   Я получи́л от его́ (её, их) бра́та письмо́.

   But: *Я получи́л от него́ (неё, них) письмо́.*

2. An initial **н-** is optional if the pronoun object is qualified by a form of **весь (вся, всё, все)**:

   со все́ми и́ми / со все́ми ни́ми   у всех их / у всех них

---

§5. English Equivalents of Russian Prepositional Phrases: The meaning of the noun complement of a given preposition as well as the case which the preposition governs, the context in which the preposition is used, and whether or not the complement is animate or inanimate are all important in giving a Russian preposition its equivalent English meaning and in determining the precise English equivalent of a Russian prepositional phrase. Note the English equivalents of the prepositional phrases in the sentences below as well as in the ensuing sections of this manual.

Они́ е́хали к ю́гу.	*They were driving southwards.*
Они́ е́хали к знако́мым.	*They were going to see friends.*
Роди́тели живу́т на ю́ге.	*(My) parents live in the South.*
Оте́ц рабо́тает на по́чте.	*(My) father works in / at the post office.*

Она́ живёт у ба́бушки.	*She lives with her grandmother.*
Она́ сиде́ла у окна́.	*She was sitting by the window.*
Кни́га по Пу́шкину.	*A book on Pushkin.*
Он с меня́ ро́стом.	*He's about as tall as I am.*
Ско́лько с меня́?	*How much do I owe?*
Он у́мер от СПИ́Да.	*He died of AIDS.*
Я получи́л письмо́ и́з дому.	*I received / got a letter from home.*
Я получи́л письмо́ от отца́.	*I got a letter from my father.*
С кем он разгова́ривал?	*Who(m) was he speaking with / to?*
Я с тобо́й бо́льше не разгова́риваю.	*I'm not speaking to you anymore.*

5.1. The English equivalents of Russian prepositional phrases are usually, but not always expressed by prepositional phrases:

Да́йте, пожа́луйста, две ма́рки по со́рок копе́ек.	*Please give me two 40-kopek stamps.*
Он на пя́ть лет моло́же жены́.	*He's 5 years younger than his wife.*
Это в два ра́за лу́чше.	*That's twice as good.*
Дом в три этажа́.	*A three-storey house.*
Со́рок гра́дусов по Це́льсию (Фаренге́йту).	*Forty degrees Centigrade (Farenheit).*

§6. Syntactic Relationships Expressed by Prepositional Phrases: The most common syntactical relationships expressed by prepositional phrases both in Russian and in English are those of place (простра́нство), time (вре́мя), and cause, reason, and purpose (причи́на и цель). These relationships are discussed in Sections II, III, and IV. Section V treats quantitative and qualitative relationships (коли́чественные и ка́чественные отноше́ния).

SECTION II

EXPRESSING SPATIAL RELATIONSHIPS
ВЫРАЖЕНИЕ ПРОСТРАНСТВЕННЫХ ОТНОШЕНИЙ

§1.　**Prepositions Indicating Location or Destination and Place from Which Motion Originates: The Prepositions В and НА and Their Antonyms ИЗ and С.**

1.1.　**В** and **НА** may combine with complements denoting a concrete or figurative place. A complement in the *PREP* indicates location or an action in the given place in answer to the question *где?*

> Книга лежит на столе.
> Повесить картину в галерее.
> Посадить дерево в саду.

A complement in the *ACC* indicates destination of a motion to the place denoted, in answer to the question *куда?*

> Положить книгу на стол.
> Грузить картофель в машину.
> Повесить пальто в шкаф.

The place from which motion originates is indicated by (1) **ИЗ**+*GEN*, usually the antonym of **В** and (2) **С**+*GEN*, usually the antonym of **НА**, in answer to the question *откуда?* See also §1.3, §3.4 and §4.7 below.

> Пальто висит в шкафу. / Взять пальто из шкафа.
> Положить книгу на стол. / Взять книгу со стола.

1.1.1.　In combination with **В** and **НА**+*PREP sg.*, many masculine nouns denoting place occur with the stressed *PREP* ending -*ý/-ю* (*в лесý, на полý, в/на краю*).[1] Such nouns may also occur with the regular ending -*е*, but in different meanings (*сидеть в*

---

[1] Two nouns denoting time, *год* and *час*, also occur with this ending. See §1, p. 91; §1.1.8, p. 98-99; §2.3, p. 108, §5.9.b, p. 137.

пе́рвом ряду́ but *в ря́де слу́чаев; игра́ть в саду́* but *игра́ть в «Вишнёвом са́де»*). With some complements, the two endings differ from each other only stylistically (*в о́тпуске, в це́хе* [standard] vs. *в отпуску́, в цеху́* [the spoken language]). A few feminine nouns with a *NOM* in -ь have the stressed ending -*и́* (*в степи́* but *о сте́пи*) when combined with these prepositions.[1]

1.2. Complements denoting something with both interior and exterior dimensions and for which a distinction between placement on the inside or on the surface can be made, usually combine with both **B** and **HA**. **B** indicates placement on the inside; **HA** indicates placement on the surface:

> Кни́га на столе́. / Кни́га в столе́.
> Лека́рство в буты́лке. / Этике́тка на буты́лке.
> Кварти́ры в до́ме. / Фла́ги на до́ме.

Many nouns, however, regardless of what they denote, combine only with **B** or only with **HA**. The following guidelines are for commonly occurring semantic categories of nouns that combine only with one or the other preposition. Exceptions to these prepositions and noun combinations should be especially noted.

1.2.1. Nouns denoting buildings and types of buildings, or rooms and rooms for special purposes, as well as the noun *ко́мната* itself, combine with **B**.

в библиоте́ке	в гости́нице	в до́ме
в зда́нии	в ла́вке	в рестора́не
в магази́не	в университе́те	в институ́те
в ко́нсульстве	в за́ле	в аудито́рии
в кабине́те	в лаборато́рии	в кла́ссе
в спа́льне	в столо́вой	в туале́те
в (а́ктовом) за́ле	в коридо́ре	в аэропорту́

<u>Exceptions:</u>	на по́чте	на чердаке́
	на телегра́фе	

---

[1] See Appendixes, p. 219, for the more commonly used nouns in these groups.

1.2.2. Nouns denoting buildings used for special forms of entertainment combine with **B**. Nouns denoting the form of entertainment attended by an audience usually combine with **HA**.

в кино́	на фи́льме	на пье́се
в кинотеа́тре *but:*	на пе́рвом сеа́нсе	на спекта́кле
в ци́рке	на представле́нии	на бале́те
	на конце́рте	на о́пере
	⌠на бале́те «Лебеди́ное о́зеро»	
быть в Большо́м теа́тре ⟨на конце́рте		
	⌡на о́пере «Князь Йгорь»	

> Exception: быть в ци́рке *(both the building and the performance)*
> *cf.* танцева́ть в ба́лете
> петь в о́пере
> игра́ть в пье́се

1.2.3. Nouns denoting structural surfaces of buildings, or structures consisting of horizontal or vertical surfaces only, combine with **HA**.

на ле́стнице	на потолке́	на стене́
на кры́ше	на (тре́тьем) этаже́	на полу́
на (Большо́м ка́менном) мосту́		

1.2.4. Nouns denoting part of a populated place limited in the area it covers usually combine with **B**. When such places consist of linear surfaces only or denote open or partly open areas, they usually combine with **HA**. Place names combine with the same preposition as the corresponding common noun.

в Кремле́	в це́нтре	
в при́городе	в райо́не	
but:		
на у́лице	на аэродро́ме	на остано́вке
на бульва́ре	на стоя́нке (такси́)	на вокза́ле
на проспе́кте	на кла́дбище	на ста́нции
на на́бережной	на (Кра́сной) пло́щади	
на доро́ге	на Ки́евском вокза́ле	
	на Не́вском проспе́кте	
	на Кузне́цком мосту́ *(street name)*	

> Exceptions: 1. в переу́лке (*cf.* на у́лице)
> 2. в скве́ре *interchangeable with* на скве́ре
> 3. на перехо́де *(when above ground)*
> в перехо́де *(when underground)*

1.2.5. Nouns denoting a place of work performed indoors or an enclosed place combine with **B**. Nouns denoting a place of work consisting of both buildings and an outdoor work area combine with **HA**.

в ателье́	в учрежде́нии
в мастерско́й	в министе́рстве
в парикма́херской	в ша́хте
в це́хе (*or* в цеху́)	
на заво́де	на ры́нке
на фа́брике	на фе́рме
на строи́тельстве	на предприя́тии
на стро́йке	

Exceptions:
1. в колхо́зе   (*cf.* на фе́рме)
2. в совхо́зе
3. в огоро́де *or* на огоро́де (*interchangeable*)

1.2.6. Nouns denoting a place of rest and relaxation are bound to either **B** or **HA**.

в до́ме о́тдыха	*but:*	на да́че
в ла́гере		на куро́рте
в санато́рии		на пля́же
в па́рке культу́ры и о́тдыха		

1.2.7. Nouns denoting an open area for sports or play combine with **HA**.

на стадио́не	на де́тской площа́дке
на футбо́льном по́ле	на ри́нге
на те́ннисном ко́рте	на катке́

Exception: в бассе́йне

1.2.8. Points of the compass and place names whose final element denotes a point of the compass combine with **HA**.

на се́вере	на ю́го-за́паде	на Кра́йнем Се́вере
на восто́ке	на ю́го-восто́ке	на Да́льнем Восто́ке
на за́паде	на се́веро-восто́ке	на Бли́жнем Восто́ке

cf.   в восто́чной (ча́сти) Сиби́ри
в за́падной (ча́сти) Евро́пе
в Ю́жной (в Се́верной) Аме́рике

1.2.9. Nouns denoting types of terrain (usually large) limited by the natural boundaries characteristic of that terrain combine with **B**. Others denoting open terrain of indefinite dimensions or irregular contours combine with **HA**.

в доли́не	в тайге́	на плато́	на поля́не
в лесу́	в пусты́не	на равни́не	на лугу́
в степи́		на побере́жье	

NOTE: в по́ле / на по́ле   рабо́тать в (на) по́ле
рабо́тать на поля́х
верну́ться с по́ля (поле́й)
на по́ле би́твы
в по́ле зре́ния

1.2.10. Nouns denoting large land masses, peninsulas and islands, the names of planets, as well as the nouns *со́лнце* and *луна́* combine with **HA**.

на материке́   на Плуто́не
на (Африка́нском) контине́нте   на со́лнце
на полуо́строве   на луне́
на о́строве
            на Земле́ *on (the planet) Earth*
(but cf.   на земле́ *on the earth, in the world*
            в земле́   *in the ground*)

1.2.11. Proper names of continents combine only with **B**. Proper names of islands and peninsulas usually combine with **HA**. Some, however, combine only with **B**; others combine interchangeably with **B** and **HA**.

в Аме́рике   в Евро́пе
в Анта́рктике   в А́зии
в Ста́ром / в Но́вом све́те

на Камча́тке   на Сици́лии
на Сахали́не   на Филиппи́нах
на Гава́йях (*nom.* Гава́йи)   на Фолкле́ндских острова́х
(на Гава́йских острова́х)

                    but only: в Скандина́вии
                                  в Крыму́

на Ку́бе (*frequent & preferred*)   в Ку́бе (*rare*)
на Аля́ске (*frequent & preferred*) в Аля́ске (*rare*)

1.2.12. The nouns *страна́* and *госуда́рство* as well as nouns denoting a type of country, a populated settlement, or an administrative district combine with **B**. Proper names of such places also combine with **B**. A few, however, combine interchangeably with **B** and **HA**.

в стране́	в го́роде	в шта́те	в Япо́нии
в респу́блике	в столи́це	в посёлке	в ца́рстве
в дере́вне	в Сиби́ри	в селе́	в Росси́и
в Теха́се	в госуда́рстве	в Белору́ссии	в США
	в (Калу́жской) о́бласти		
	в Хаба́ровском кра́е		

Exceptions:	1. на ро́дине
	2. на Украи́не, в За́падной Украи́не *or* на За́падной Украи́не
	3. на Руси́ *but:* в ста́рой Руси́

1.2.13. Nouns denoting functions or activities in which a group of people participate combine with **HA**. Those denoting an activity associated with an individual rather than a group combine with **B**.

на рабо́те	на вы́ставке	на съе́зде	на ве́чере
на экску́рсии	на приёме	на собра́нии	на ми́тинге
на репети́ции		на конфере́нции	
but: в командиро́вке			
в отста́вке		в о́тпуске (*or* в отпуску́)	

Exception:	в экспеди́ции

1.2.14. Nouns denoting academic activities in which those associated with an institution of learning participate and nouns denoting academic divisions usually combine with **HA**:

на заня́тиях	на экза́мене
на пе́рвом (тре́тьем) ку́рсе	на ле́кции
на ка́федре	на зао́чном ку́рсе
на вече́рнем отделе́нии	на консульта́ции
на (медици́нском) факульте́те	

Exceptions:	1. в пе́рвом / во второ́м кла́ссе
	2. в аспиранту́ре
	3. в декана́те
	4. в де́тском саду́ (в детсаду́)

1.2.15. Nouns denoting meals combine with **HA**:

$$быть \begin{cases} \text{на за́втраке} \\ \text{на обе́де} \\ \text{на у́жине} \end{cases}$$

1.2.16. Nouns denoting an object having length and width, but no depth, combine with **HA**.

на карти́не	на фотогра́фии
на ка́рте	на сни́мке
на страни́це	на фотока́рточке
на доске́	на рису́нке

Запо́мните: Откро́йте кни́гу на страни́це 23! (На како́й страни́це?)
Откро́йте кни́гу на два́дцать тре́тьей страни́це!

1.2.17. Nouns denoting an abstract path or a point on an abstract path combine with **HA**.

на орби́те   (*войти́ на орби́ту; сойти́ с орби́ты*)
на траекто́рии
на верши́не

1.2.18. The nouns *нача́ло, коне́ц, середи́на,* and *часть* combine with **B**.

в нача́ле те́кста	в середи́не пье́сы
в пе́рвой ча́сти кни́ги	в конце́ рома́на

≡

Exercise 1. Compose sentences. Put the verb into a non-past form. Add any necessary prepositions or other words.

1. писать + новая тетрадь
2. студенты + учиться + разные университеты и институы
3. найти эти слова + мой новый словарь

4. её братья +учиться +Московский государственный
   университет
5. мои друзья +жить +деревня
6 бабушка и дедушка +жить +новая квартира
7 Ирина +учиться +третий курс
8. сестра +учиться +университет +химический факультет
9. найти ответ +его последняя статья
10. моя комната+третий этаж
11. брат +учиться +школа +пятый класс
12. его друзья +жить +соседняя улица
13. студенты +обычно жить +студенческое общежитие
14. обычно обедать +преподавательская столовая

Exercise 2.   Complete the following sentences.   Add any necessary prepositions.
          Think of alternative endings to the sentences.

1. Я обычно занимаюсь + библиотека — общежитие — кабинет
   отца
2. Наши друзья живут + Украина — Аляска — Куба — Япония
3. Мы смотрели эту пьесу + Малый театр — МХАТ[1]
4. Её сыновья работают + завод — ферма —колхоз — Урал —
   институт
5. Наши братья обычно плавают + новый бассейн — Москва-
   река — море
6. Конверты и марки можно купить + почта — телеграф —
   киоск
7. Вы сейчас находитесь + Красная площадь — Кремль
   —Невский проспект
8. Мы слушали «Князя Игоря» + Большой театр — Дворец
   съездов
9. В этом году я отдыхал + юг — Кавказ — Украина — Ялта
10. Этот театр находится +площадь Свердлова — Невский
    проспект — улица Горького — Столешников переулок —
    Садовое кольцо
11. Её муж сейчас +экспедиция — командировка — отпуск
12. Эти города находятся +Сибирь — Дальний Восток —
    Крайний Север — Средняя Азия —Урал
13. Он сейчас + ужин — обед — занятия — работа
14. Вчера вечером они все были + стадион им. Ленина — новая
    выставка — Третьяковская галерея — ВДНХ[2]
15. Утром туристы были +экскурсия по городу — Пискарёвское
    кладбище — Кремль — Новодевичий монастырь
16. Можно купить такие овощи +колхоз — колхозный рынок —
    любой магазин — центр— деревня
17. Квартира №4 находится +третий этаж — соседнее здание —
    следующий этаж — не - тот корпус
18. Эти реки находятся +Аляска — Канада — Южная Америка —
    Западная Украина

---

[1]Московский Художественный Академический Театр
[2]Выставка достижений народного хозяйства

19. Отец преподаёт +кафедра русского языка — курсы для иностранцев —подготовительный факультет — пединститут
20. Сестра сейчас +парикмахерская — рынок — каток — дача

Exercise 3. Скажите, на каком факультете учатся ваши друзья!

1. Анна - филологический факультет
2. Алиса - ботанический факультет
3. Женя - биологический факультет
4. Том - исторический факультет
5. Шура - геологический факультет
6 Джим - химический факультет
7. Джон - физический факультет
8. Джейн - юридический факультет
9. Джек - зоологический факультет
10. Ваня - математический факультет

Exercise 4. Complete the sentences. Add any necessary words.

1. сёстры +отдыхать +Кавказ
2. братья +учиться +институт
3. смотреть балет +Дворец съездов
4. Джим +работать +завод
5. мать +преподавать музыку +школа
6. слушать лекции +эта аудитория
7. кто +клуб +концерт
8. купить марки +почта
9. Чехов похоронен +Новодевичье кладбище
10. друзья +смотреть футбол +стадион им. Ленина

Exercise 5. Give Russian equivalents of the English phrases. Think of alternatives for the words in parentheses.

1. Все сидели (on the floor).
2. Дети играют (in the snow).
3. Обед (in the stove).
4. Он сидел (on the riverbank) и ловил рыбу.
5. Не играйте (on the ice).
6. Ваш плащ висит (in the closet).
7. Милиционер стоит (on the corner).
8. Ключ (in the door).
9. Шкаф стоял (in the corner).
10. Каждый день я сижу (in the sun).
11. Мы сегодня его не видели (at work).
12. Я люблю работать (in my garden).
13. Кто вас встречал (at the airport)?
14. Объявление висит (on the door).
15. Мы сидели (in the first row).

16. Моя сестра *(is a junior at the university)*.
17. Они живут *(in the steppe)*.
18. Их дача находится *(in a forest)*.
19. Дом книги находится *(on Nevsky Prospect)*.
20. *(At the party)* было много народу.
21. Я давно нé был *(to the Crimea)*.
22. Я сидел *(at the meeting)* весь день.
23. Книги лежат *(on the cupboard)*.
24. Кто-то стоял *(in the doorway)*.
25. Они познакомились *(at a congress)* психиатров.
26. Мы всега смотрим футбол *(at this stadium)*.
27. *(On the bridge)* стояла машина.
28. Я тебя встречу *(at the train station)*.
29. Мы были у президента *(at a reception)*.
30. Их дом находится *(at the edge of a forest)*.
31. Её родители работают *(on a collective farm)*.
32. Кто сидел 33 года *(on a stove)*?
33. *(In the shade)* холодно, а *(in the sun)* жарко.
34. *(On his chest)* он носил разные орденá

Exercise 6.   Compose sentences. Add necessary prepositions and other words.
   Pay attention to constructions with *ACC* and *PREP* cases

1. поступить +университет +первый курс
2. учиться +пединститут +третий курс
3. идти +Дворец съездов + «Руслан и Людмила»
4. слушать вечерний курс +университет
5. положить книгу +стол
6. слушать оперу +Большой театр
7. жить +Украина +Белоруссия
8. торопиться +клуб +собрание
9. долго +жить +Сибирь
10. ходить +Исторический музей
11. встретиться +улица Горького
12. ехать +родина
13. звонить +Дальний восток
14. учиться +школа +пятый класс
15. работать +металлургический завод
16. идти +международный почтамт
17. поступить + Московский университет + аспирантура
18. учиться +Московский университет +филологический факультет
19. работать +Крайний Север
20. Мавзолей Ленина +Красная площадь

Exercise 7. Ответьте на следующие вопросы.

1. Где находится Московский государственный университет?
2. Где находится город Фербенкс?
3. Где в Москве можно слушать оперы?
4. Где можно учиться?
5. Где можно плавать?
6. Где живут кубинцы?
7. Где находится город Ялта?
8. Где живут армяне, азербайджанцы и грузины?
9. Где живут медведи и волки?
10. Где живут сибиряки?
11. Где живут японцы?
12. Где обычно стоят книги?
13. Где живут киевляне?
14. Где живут эскимосы?
15. Где живут белорусы?

Exercise 8. Answer the following questions with the words in parentheses. Give alternative answers.

1. Куда вы сейчас едете? (центр)
2. Куда едут ваши родители? (дом отдыха)
3. Куда поедут ваши братья летом? (экспедиция)
4. Куда они едут работать? (Куба)
5. Куда едет ваш отец? (Крайний Север)
6. Куда ты пойдёшь после урока? (кафедра русского языка)
7. Куда ты поступишь после школы? (университет или пединститут)
8. Куда ты так торопишься? (заседание)
9. Куда мы поедем после обеда? (Петропавловская крепость)
10. Куда они переехали? (Аляска)
11. Куда ты поставишь эти книги? (эта полка)
12. Куда ты поставишь эти тарелки?[1] (другой шкаф)
13. Куда идут твои сёстры? (занятия)
14. Куда вы едете отдыхать? (северный Кавказ)
15. Куда тебе нужно ехать? (улица Горького)
16. Куда они идут сегодня вечером? (балет «Щелкунчик»)
17. Куда вы ходили вчера вечером? (опера «Князь Игорь»)
18. Куда вы сейчас идёте? (открытый бассейн)
19. Куда вас водили сегодня? (Московский Кремль)
20. Куда вас водили вчера? (Третьяковская галерея)
21. Куда идёт этот поезд? (Киев)
22. Куда вас везут сегодня? (колхоз «Гигант»)
23. Куда вам надо идти? (главный телеграф)
24. Куда поехал её отец? (съезд журналистов)
25. Куда ты едешь? (площадь Маяковского)
26. Куда едут эти грузовики? (колхозный рынок)

---

[1]тарелки стоят

27. Куда послали его отца? (Сибирь)
28. Куда ты звонишь? (Советский Союз)
29. Куда мы идём сейчас? (Красная площадь)
30. Куда ты несёшь все эти учебники? (урок)

Exercise 9.   Скажите, откуда приезжали к вам друзья.

Образец: Англия   *К нам приезжали друзья из Англии.*

1. Франция	11. Германия	21. Иран
2. Испания	12. Нью-Йорк	22. Дания
3. Аляска	13. Израиль	24. Швеция
5. Азербайджан	15. Монреаль	25. Советский Союз
6. Казахстан	16. Канада	26. Египет
7. Мексика	17. Украина	27. Китай
8. Куба	18. Япония	28. Грузия
9. Бостон	19. Чикаго	29. Афганистан
10. Крым	20. Австралия	30. Сан-Франциско

Exercise 10.   Give Russian equivalents.

1. Did you buy stamps at the post office?
2. My brother is a junior at the university.
3. Your coats are hanging in the closet.
4. "Have you always lived in the East?" "No. when I was little I lived in the South."
5. Did you go to Professor Durakov's lecture today?
6. What did they ask you at the exam?
7. Every morning I work at the laboratory.
8. Every morning I go to work at the laboratory.
9. This morning we saw an interesting exhibit at the Historical Museum.
10. Do your parents still live in the Crimea?
11. The pencils are in the desk.
12. I was in class all day today.
13. What can one see in Red Square?
14. What street is the main post office on?
15. Are you going to the concert tonight?
16. My grandmother loves to go to all the operas and ballets in the Bolshoy Theater.
17. I studied in the Russian language department for two years.
18. What did you see at the Kremlin this morning?
19. We are going to a concert at 6 o'clock.
20. Have you ever been to the Caucasus?

1.3. Some noun complements combine with both **B** and **HA** to indicate different locations in the same place (в углу́— на углу́; в крова́ти — на крова́ти). Some nouns combine with either **B** or **HA**, depending on the nuance of meaning in which the noun is used (в э́том ме́сте — на ме́сте би́твы). Still others may be bound to one preposition in concrete meaning, but to the other in a figurative meaning (в во́здухе — на во́здухе). To indicate the place from which motion originates, the usual **B—ИЗ, HA—C** correlations do not always apply. Note the following common phrases.

1.3.1. The qualifier весь (всё, вся, все):

Nouns combining with **B** and qualified by весь in the singular or plural indicate location throughout that place (places) or motion throughout that place (places). In the opposite meaning, they combine with **C**+*GEN sg.* or *pl.* to indicate motion from all over that place (places).

во всём университе́те	со всего́ университе́та
во всей стране́	со всей страны́
во всём го́роде	со всего́ го́рода
во все сто́роны	со всех сторо́н
во все концы́ страны́	со всех концо́в страны́

Профессора́ во всём университе́те басту́ют.	*The professors in the entire university are on strike.*
На э́тот ми́тинг приходи́ли профессора́ со всего́ университе́та.	*Professors from the entire university attended the (political) meeting.*

1.3.2. В во́здухе *vs.* на во́здухе:

Во́здух denotes *air*.

(a) *в во́здухе* refers to the air space above the earth.

В во́здухе кружи́лись пти́цы.   *Birds were circling in the air.*

(b) *на (све́жем) во́здухе* refers to the open air (outdoors, outside, in the fresh air) See also §1.3.15 below.

В хоро́шую пого́ду де́ти игра́ют на (све́жем) во́здухе.	*In good weather the children play outdoors / outside / in the fresh air.*

1.3.3. **На горе́** *vs.* **в гора́х:**

Гора́ (sg.) denotes a *hill* or *mountain. Го́ры (pl.)* denotes a mountainous area or mountain range.

(a) *Гора́* in the *sg.* combines with HA+*PREP* to indicate location on a hill or mountainside.

жить на горе́	*to live on a mountain*
ла́герь на горе́	*a camp on a mountain*

(b) Motion up a hill or mountain is expressed with either **В** or **НА** as indicated below. Motion down a hill or mountain is expressed with **С**+*GEN* or **ПОД**+*ACC*. Note the shifts in stress.

идти́—е́хать в го́ру⎫
идти́—е́хать с горы́⎬ *to go / to ride uphill*
идти́—е́хать по́д гору⎭ *to go ride downbill*

поднима́ться\подня́ться ⎰ в го́ру ⎱ *to climb a mountain*
⎱ на го́ру ⎰

взбира́ться\взобра́ться на́ гору   *to climb a mountain*

спуска́ться\спусти́ться с горы́ *to come down from a mountain; to go downhill*

Запо́мните!

Его́ карье́ра идёт в го́ру.
His career is on the upswing.

(c) *Го́ры (pl.)* combining with **В** indicates a mountainous region.

отдыха́ть в гора́х	*to vacation in the mountains*
отпра́виться в го́ры	*to set out for the mountains*

(d) The name of a mountain or mountain range with a singular form combines with **НА**. When the name has a plural form, it combines with **В**.

жить
⎰ на Кавка́зе
⎱ на Алта́е
⎰ в А́льпах
⎱ в Скали́стых гора́х

пое́хать
⎰ на Ура́л
⎱ на Пами́р
⎰ в Гимала́йские го́ры
⎱ в А́нды

Exceptions:
⎰ на Ле́нинских гора́х *(a section of Moscow)*
⎱ на Балка́нах

(e) Motion away from a named mountain or mountain range is expressed only with **C**+*GEN*.

вернуться
⎰ с Кавка́за
⎱ с Алта́я
⎰ с А́льп
⎱ со Скали́стых гор

приехать
⎰ с Ура́ла
⎱ с Пами́ра
⎰ с Гимала́йских го́р

1.3.4.   В до́м *vs.* домо́й; в до́ме *vs.* до́ма; из до́ма *vs.* и́з дому:

Дом denotes a building that houses something (including apartments), but also denotes a home or one's home/residence.

(a) Location in a building is *в до́ме*, motion into a building is *в до́м*; motion from out of a bulding is *из до́ма*.

Оте́ц рабо́тает в э́том до́ме.	*Father works in that building.*
Он вы́шел из до́ма и поверну́л напра́во.	*He left the building (house) and turned right.*
Они́ живу́т во второ́м до́ме от угла́.	*They live in the second house / building from the corner.*
Кварти́ра № 237 нахо́дится в до́ме № 7.	*Apartment 237 is in house #7.*
Он вошёл не в то́т дом.	*He entered the wrong building.*

(b) Location *at home* is expressed by the adverb *до́ма*. Motion *home*, *homeward* (to one's home) is expressed by the adverb *домо́й*, and motion from one's home is usually expressed by *и́з дому*.

Мы вы́ехали и́з дому без пятна́лцати де́вять.	*We left home at 8:45.*
Он обы́чно возвраща́ется домо́й к шести́ часа́м.	*He usually returns home around six.*
Мы весь день бы́ли до́ма.	*We were home all day.*

(c) Motion from one's home may also be indicated by *из до́ма*.

Ты мне звони́шь из до́ма (и́з дому) или с рабо́ты?	*Are you calling me from home (from your house) or from work?*
Мы весь день не выходи́ли из до́ма (и́з дому).	*We didn't leave the house all day.*
Ты ча́сто получа́ешь пи́сьма и́з дому (из до́ма)?	*Do you get letters from home often?*

1.3.5. В кварти́ре *vs.* на кварти́ре:

(a) *в кварти́ре* indicates concrete location inside an apartment.

Мы живём в кварти́ре № 4.	*We live in apartment #4.*
В на́шей кварти́ре хо́лодно.	*It's cold in our apartment.*
В э́той кварти́ре три ко́мнаты.	*There are three rooms in that apartment.*

(b) *на кварти́ре* indicates a temporary place of residence.

Когда́ ремонти́ровали наш дом, мы жи́ли на друго́й кварти́ре.	*While our building was being renovated, we lived in another / in a different apartment.*

(c) B and **HA** are interchangeable when referring to someone else's apartment. The someone is always named.

Вы уже́ бы́ли у них в /на но́вой кварти́ре?	*Have you been to their new apartment yet?*
Мы встреча́ли Но́вый год у друзе́й в / на кварти́ре.	*We saw the New Year in with some friends at their apartment.*

Запо́мните!

въезжа́ть\въе́хать в но́вую кварти́ру
вселя́ться\всели́ться в но́вую кварти́ру
to move to a new apartment

переезжа́ть с кварти́ры на кварти́ру
to move from apartment to apartment

1.3.6. На краю́ *vs.* в краю́ *vs.* в кра́е:

a) *на краю́* (note the *PREP* ending) indicates the place where something ends.

На краю́ стола́ стои́т стака́н.	There's a glass on the edge of the table.
На са́мом краю́ обры́ва росло́ де́рево.	There was a tree growing at the very edge of the precipice.

> *Запомните!*
> жить на краю́ све́та
> жить у чёрта на кули́чках
> жить в глуши́
> жить в глухо́м ме́сте
> *to live at the end of the world*
> *to live in the middle of nowhere*

(b) *в краю́* indicates a region or part of a country (note the *PREP* ending).

в родно́м краю́	in one's native parts, in the region where one was born and grew up

(c) *в кра́е* indicates an official administrative district in the Soviet Union (note the regular *PREP* ending). The complement is qualified by a place name in adjective form.

в Хаба́ровском кра́е	in the Xabarovsk District

1.3.7. В кре́сле *vs.* на кре́сле, с кре́сла:

Кре́сло denotes an upholstered armchair or a chair with arms.

(a) With reference to an animate being, it combines with **В** to indicate location on, or motion to a place on an armchair. With reference to something inanimate, it combines with **НА**.[1]

сиде́ть\посиде́ть в кре́сле	to be sitting (seated) in an armchair
сади́ться\сесть в кре́сло	to sit down in an armchair
На кре́сле лежи́т кни́га	There's a book on the armchair.
Положи́ газе́ту на кре́сло.	Put the newspaper on the armchair.

---

[1] In 19th century literature, кре́сло combines interchangeably with both в and на. Pl. forms with sg. meaning also occur: сиде́ть в /на кре́слах; сесть в /на кре́сла.

(b) With reference to either an animate being or something inanimate, it combines only with **C**+*GEN* to indicate motion off, or out of an armchair.

вставáть\встать с крéсла ⎫
поднимáться\подня́ться с крéсла ⎬   to get up from an armchair

брать\взять с крéсла   to take / to get (something) from an armchair

1.3.8. В кровáти — в постéли; на кровáти — на постели; с кровáти — с постéли:

Кровáть denotes a piece of furniture (*a bedstead*). *Постéль* denotes a piece of furniture with bed linens. Both are used interchangeably to denote the place with covers where one sleeps.

(a) *в кровáти / в постéли* indicate position under the covers.

ложи́ться\лечь ⎰ в кровáть ⎱   to go to bed (under the covers)
⎱ в постéль ⎰   to get into bed (under the covers)

лежáть ⎰ в кровáти ⎱
быть ⎱ в постéли ⎰   to be in bed (under the covers)

(b) *на кровáти / на постéли* indicate position on top of the covers.

ложи́ться\лечь ⎰ на кровáть ⎱   to lie down on a bed
сади́ться\сесть ⎱ на постéль ⎰   to sit down on a bed

лежáть ⎰ на кровáти ⎱   to be / lie on a bed
сидéть ⎱ на постéли ⎰   to be sitting on a bed

(c) Motion from under the covers or from on top of the covers is expressed by **C**+*GEN*.

вставáть\встать с кровáти ⎫
поднимáться\подня́ться с постéли ⎬   to get out of bed / to get off the bed

┌─────────────────────────────────────┐
│ *Запомните!*   │
│   встать не с той ноги́   │
│   *to get up on the wrong side of bed* │
└─────────────────────────────────────┘

1.3.9. В ку́хне *vs.* на ку́хне; из ку́хни:

(a) *в ку́хне* is standard; *на ку́хне* is colloquial. Both indicate location in a kitchen and are interchangeable.

Жена́ сейча́с в ку́хне /на ку́хне.	My wife is in the kitchen right now.

идти́
прийти́ } в ку́хню / на ку́хню   to go to the kitchen
войти́

(b) Motion from (out of) a/the kitchen is expressed by ИЗ+*GEN*.

вы́йти — уйти́ из ку́хни	to leave the kitchen
принести́ (что-нибу́дь) из ку́хни	to bring (something) from the kitchen

1.3.10. В ме́сте / в ме́сто / из ме́ста *vs.* на ме́сте / на ме́сто / с ме́ста:

Ме́сто combines with both В and НА, but with different nuances of meaning.

(a) *в ме́сте / в ме́сто* indicate:

(1) A certain or defined place. The noun is qualified by an adjective.

Мя́со и ма́сло ну́жно держа́ть в холо́дном ме́сте.	Meat and butter must be kept in a cold place.
Поста́вьте расте́ние в све́тлое ме́сто.	Put the plant in a bright spot.
Положи́те де́ньги в надёжное ме́сто.	Put the money in a safe place.

Запо́мните!
в э́тих места́х	in this locality, (around) here
Вы пе́рвый раз в э́тих места́х?	Is this your first time in these parts?

---

(2) the place where something happens constantly. The noun is qualified by the *GEN* of a verbal noun or by a subordinate clause introduced by *где:*

В ме́сте впаде́ния реки́ в о́зеро/ (В ме́сте, где река́ впада́ет в о́зеро,) образова́лась о́тмель.	A sandbar formed where the river flows into the lake.

(b) *на ме́сте / на ме́сто* indicate:

(1) the proper or appropriate place. The noun is unqualified or qualified only by a possessive pronoun (including *свой*).

Всё на ме́сте.	*Everything has been put away (where it belongs).*
Иди́ на ме́сто!	*Get to your place (where you're supposed to be).*
Иди́те на свои́ места́!	*Everyone take his or her place.*

Запо́мните!   Всегда́ клади́те ве́щи на ме́сто.
Always put things where they belong.

поста́вить кого́-то на ме́сто
to put someone in his or her place

---

(2) a stationary place where no movement forward or backwards occurs, or where all movement stops.

бе́гать на ме́сте	*to run in place*
Стой на ме́сте!	*Don't move!*
остава́ться\оста́ться на ме́сте	*to stand still*

(3) The job (place of work) where something occurs, or the job (position) that is filled. *Ме́сто* is usually qualified by a noun in the *GEN* specifying the kind of job or position.

пойма́ть престу́пника на ме́сте преступле́ния	*to catch a criminal at the scene of the crime*
познако́миться с чьей-то рабо́той на ме́сте	*to become acquainted with someone's work on the job*
Он поступи́л на заво́д на ме́сто дире́ктора.	*He took the position of director at the factory.*

Запо́мните!
слете́ть с ме́ста   —   *to lose one's job; to get fired*
снять кого́-то с ме́ста —   *to fire someone*

---

(4) someone's concrete or figurative seat. *Место* is usually qualified by a possessive adjective or an adjective formed from a noun denoting someone's title or status.

Он сидит на моём месте.	*He's sitting in my seat.*
На твоём месте я бы отказался.	*If I were you, I would say no.*
Кто будет сидеть на председательском месте?	*Who's going to be chairman?*

(5) the place of a past event, or the site where something was formerly located, but has been, or will be occupied by something else.

На месте битвы поставили памятник.	*A monument was erected at the site of the battle.*
На этом месте раньше стояла церковь.	*A church formerly stood on this site.*
Поставьте кресло на место дивана.	*Put the armchair where the couch is now.*

(6) a ranking in competition.

Наша бригада вышла на первое место.	*Our team came in first.*
быть на первом / на втором месте	*to be in first / in second place*

1.3.11. В мире *vs.* на свете:

Мир and *свет* both denote *world*, but are not interchangeable. *В мире* refers to the world as a concrete place; *на свете* refers to the world as a euphemism, or as a figurative place in a subjective evaluation (*cf. in the whole wide world*).

(a) в мире:

в этом мире	*in this world*
в мире животных	*in the animal kingdom*
в мире растений	*in the plant world*
самое высокое здание в мире	*the tallest building in the world* [neutral]

(b) на свете:

на том свете	*in the other (next) world*
Нет его на свете.	*He passed away.*
самая красивая девушка на свете	*the most beautiful girl in the world*
самый лучший папа на свете	*the best daddy in the (whole wide) world*

Запомните!
1. Она не от ми́ра сего́.
   She's out of this world.

2. Изве́стно....{ всему́ ми́ру.
   во всём ми́ре.
   на весь мир. }
   It's known the world over.

3. в Но́вом све́те / в Ста́ром све́те
   (*see §1.2.11. above*)

NOTE:

   Свет also denotes light, and both meanings coincide in
   the following idioms: (cf. *to come to light*):

выпуска́ть\вы́пустить в свет   *to publish*

выходи́ть\вы́йти в свет   *to be published*

появля́ться\появи́ться на свет   *to be published* or *to be born*

1.3.12. В не́бе *vs.* на не́бе:

(a) With reference to celestial bodies or celestial phenonmena, *небо*
combines with both В and НА interchangeably. With reference to
other objects, it combines only with В.

со́лнце, луна́, звёзды, коме́та,
облака́, поля́рное сия́ние } в не́бе / на не́бе

самолёт, пти́ца, раке́та,
бума́жный змей } в не́бе

Запомните!

смотре́ть в не́бо   *to look into the sky*
                      (at a particular spot)

смотре́ть на не́бо   *to look at the sky*
                      (all over the sky)

быть на седьмо́м не́бе *to be in seventh heaven*

(b) Motion down from the sky is expressed only by С+*GEN*.

упа́сть с не́ба   *to fall from the sky*

1.3.13. В руке́, в рука́х; на рука́х; из рук:

Рука́ denotes the entire human limb from fingertips to shoulder, but depending on the context, may refer to the hand only, the arm only, or both hand(s) and arm(s).

(a) *В руке́* indicates a single hand in cupped position; *в рука́х* usually indicates both hands in that position, but may also indicate a single hand.

Что у тебя́ в руке́ / в рука́х?	*What are you holding? (What do you have in your hand / in your hands?)*
сиде́ть с газе́той в рука́х	*to sit holding a newspaper*
В рука́х у неё была́ су́мка.	*She was holding / clutching a pocketbook.*

(b) *на руке́ (на рука́х)* indicates the arm above the wrist on which something is placed.

держа́ть плащ на руке́	*to carry a raincoat over one's arm*
носи́ть брасле́ты на рука́х	*to wear bracelets (on one's arms)*
носи́ть часы́ на руке́	*to wear a wrist watch*

(c) *на рука́х (pl. only)* indicates both hands and arms when holding or carrying something bulky or heavy.

держа́ть ребёнка на рука́х	*to hold; to carry a child (in one's arms)*

(d) *из рук (GEN pl.)* qualifies verbs prefixed by *вы-* to indicate either one or both hands, or one or both arms from which something is taken away.

вы́рвать что-то из рук	*to grab; to snatch something away (from someone)*
вы́бить мяч из (чьих-то) рук	*to knock a ball out of someone's hand(s)*

Запомните!
покупа́ть что-нибудь с рук
to buy something from someone else (second-hand)

1.3.14. В сто́рону; со стороны́; во все сто́роны; со всех сторо́н:

Сторона́ denotes both *side* and *direction*.

(a) *в сто́рону* indicates direction away from the speaker.

В каку́ю сто́рону мне идти́?	*Which way should I go? / What direction should I take?*
Иди́те в ту сто́рону!	*Go that way.*

(b) *со стороны́* qualifies a noun denoting a place and indicates direction away from that place.

С како́й стороны́ вход, с у́лицы или со двора́?	*Where is the entrance, on the street or in the courtyard? (What side is the entrance on, the street or the courtyard?)*
Вход в метро́ с ле́вой стороны́.	*The entrance to the subway is to the left / on your left.*

Запомните!
Это очень любе́зно с ва́шей стороны́.   *That's very kind of you.*

(c) *во все сто́роны* indicates motion in all directions; *со всех сторо́н* indicates motion from all directions.

Толпа́ разошла́сь во все сто́роны.	*The crowd dispersed in all directions.*
Собрала́сь толпа́ со всех сторо́н.	*A crowd had gathered from all over.*

(d) *на стороне́* indicates location on the side (*of something*); *на сто́рону* indicates motion to that side:

Они́ живу́т на противополо́жной стороне́ у́лицы.	*They live on the other side of the street.*
Перейдём на другу́ю сто́рону у́лицы.	*Let's cross to the other side of the street.*

Запомните!

на все четы́ре сто́роны (стороны́)	*in all directions, all over*
Он рабо́тает на стороне́.	*He has a job on the side.*
по ту сто́рону	*on the other side (of), on the far side (of)*
по обе́им сторона́м	*on (along) both sides (of)*

1.3.15. **На у́лице** *vs.* **во дворе́, на дворе́:**

Улица in its concrete meaning denotes a *street*. *Двор* denotes an outside area usually bounded by buildings or a fence (*courtyard, yard*).

(a) *На у́лице,* in addition to its concrete meaning, also refers figuratively to the *outside* (outdoors) in contrast to the *inside* (indoors — *в ко́мнате*).

Де́ти игра́ют на у́лице.	*The children are outside playing.*
На у́лице идёт снег, а в ко́мнате тепло́, ую́тно.	*It's snowing outside, but inside it's warm and cozy.*

> *Запомните!*
> **Вы́йдем на у́лицу, поды́шим све́жим во́здухом!**
> *Let's go out and get some fresh air.*

(b) *Во дворе́* refers to an outside area bounded by buildings or a fence.

Де́ти игра́ют во дворе́.	*The children are playing in the (court)yard.*

(c) Motion from outside is expressed only with C+*GEN* of *у́лица* or *двор.*

Де́ти пришли́ со двора́ / с у́лицы.	*The children came in from the yard/ from outside.*

> *Запомните!*
>
> идти—вы́йти { на у́лицу / на (све́жий) во́здух / во двор }   *to go outside*

(d) *На дворе́* refers to an open sizable plot of ground outside a building, not necessarily bounded by anything.

Я пове́шу бельё на дворе́.	*I'll hang the laundry out in the yard.*

Exercise 11. Give Russian equivalents of the English words.

1. Мы смотрели, как (*stars fell from the sky*).
2. Новый словарь русского языка скоро (*will be published*).
3. В детстве мы переезжали (*from apartment to apartment*).
4. Тогда меня еще (*not in this world*).
5. Почему эта картина висит (*not in its proper place*)?
6. Вход (*in the courtyard*) или (on the street)?
7. Она встала (*from bed*) и закрыла окно.
8. (*If I were you*) я бы пожаловался на него.
9. Идите (*outside*) играть, вы мне мешаете.
10. (*On what side*) вход?
11. Почему вы сидите (*on the couch*)? Сядьте (*in the armchair*), будет удобнее.
12. Он/Она редко спит (*in his/her own bed*).
13. Когда пришло новое начальство, его отец (*was fired*).
14. Дети пришли (*from the yard*).
15. Небо было чистое, (*in it*) не было ни одного облака.
16. Пойди (*to the kitchen*), помоги отцу.
17. Он уже третью неделю лежит (*sick in bed*).
18 (*Outside*) жарко, а (*inside*) прохладно.
19. Кто же может быть (*in two places at once*)?
20. Туалет (*is outside*).
21. Они никогда (*leave their apartment*).
22. Она уже (*in bed*), к телефону подойти не может.
23. Учителя (*from all over the city*) приходили на этот митинг.
24. Уйди (*from the kitchen*), ты мне мешаешь!
25. Это папино кресло, встань (*out of it*) скорее!
26. Положи эти деньги (*in a safe place*).
27. Мои родители живут (*in the Rocky Mountains*).
28. Сколько у них комнат (*in their apartment*)?
29. Сядьте (*in your proper places*)!
30. Откуда ты звонишь, (*from home or from work*)?
31. Не курите (*in bed*)!
32. Что он держал (*in his hands*)?
33. За что его (*was fired*)?
34. К нам приезжали гости (*from the northern Caucasus and southern Urals*).
35. Вора поймали (*red handed*).
36. Он живёт (*in his own world*). Он (*out of this world*).
37. Его родители вселяются (*in a new apartment*).
38. Она несла ребёнка (*in her arms*).
39. Мы долго ехали (*uphill*).
40. (*I was in seventh heaven*) от счастья.

§2.   К + *DAT* and У + *GEN* of Complements Denoting an Animate Being

2.1.   K+*DAT* of an animate complement with a verb of motion, indicates the occupant of the place which is the destination of the subject's motion (in answer to the question *куда?*). The destination expressed by K+*DAT* may be accompanied by additional expressions of destination.

—Куда вы идёте?   *"Where are you going?"*
  —К одному другу (к друзьям). *"To see a friend (some friends)."*
  —К Антону и Вере   *"To see Anton and Vera."*
  —К врачу.   *"To the doctor's. / To see a doctor."*

Они поехали в деревню к бабушке и дедушке.   *They went to the country to see their grandparents.*

Она едет на юг в Сочи к друзьям.   *She's going south to Sochi to visit some friends.*

Запомните!
  1. идти — ехать к кому-нибудь в гости   *to go visiting someone*
  2. быть у кого-нибудь в гостях   *to be visiting someone*

2.2.   У+*GEN* of an animate complement indicates the occupant of the place where the subject of the sentence is located (in answer to the question *где?*). See also §6.2 (b) below.

—Где вы были вчера вечером?   *"Where were you last night?"*
  —У одного друга (у друзей). *"At a friend's (some friends')."*
  —У Антона и Веры.   *"At Anton and Vera's."*
  —У Ивановых.   *"At the Ivanovs'."*
  —У Ивановых в гостях.   *"Visiting the Ivanovs."*
  —У матери в больнице.   *"Seeing my mother in the hospital."*

NOTE:
  Вчера я был у одного друга. = Вчера я ходил к одному другу.
  Вчера у нас были гости. = Вчера к нам приходили гости.

Exercise 12.   Form sentences according to the model.

Образец: Любовь Васильевна пригласила нас в гости.
Мы сегодня идём к Любови Васильевне в гости.

1. Юрий Николаевич пригласил вас в гости.
2. Её сёстры пригласили нас в гости.
3. Их родители пригласили нас в гости.
4. Марья Андреевна пригласила вас в гости.
5. Его профессор пригласил нас в гости.
6. Её дочь пригласила нас в гости.
7. Смирновы пригласили нас в гости.
8. Твоя мать пригласила нас в гости.
9. Игорь Прокофьевич пригласил нас в гости.

Exercise 13.   Form sentences according to the model, using the same cues as in the exercise above.

Образец :   Любовь Васильевна пригласила нас в гости.
Вчера мы были у Любови Васильевны в гостях.

Exercise 14.   Form sentences according to the model.

Образец: Вчера мы ездили к брату.
Вчера мы были у брата.

1. В воскресенье мы ездили к бабушке.
2. В понедельник мы ездили к братьям.
3. Во вторник мы ездили к сёстрам.
4. В среду мы ездили к его сыновьям.
5. В четверг мы ездили к её дочерям.
6. В пятницу мы ездили к Петровым.
7. В субботу мы ездили к Галине Григорьевне.
8. В воскресенье мы ездили к нашему бывшему преподавателю.
9. В понедельник мы ездили к Юрию Васильевичу.
10. Во вторник мы ездили к Ирине Петровне.

§3. Prepositions Indicating Direction Towards and Direction Away From

3.1. K+*DAT* of a complement denoting a place indicates the place towards which motion proceeds (in answer to the questions *куда́?, в какую сто́рону?, в како́м направле́нии?*). The boundaries of the place are approached, but not entered.

Мы ви́дели, как она́ шла к по́чте.	We saw her walking towards the post office.
Я отошёл к окну́, что́бы лу́чше рассмотре́ть карти́ну.	I stepped back to the window to get a better look at the picture.
Та́нки всё приближа́лись к их го́роду	The tanks kept getting closer and closer to their city.

Запо́мните!

позва́ть всех к столу́	to call everybody to the table
подойти́ к телефо́ну	to go to the phone / to answer the phone
Не подходи́/те (ко мне)!	Keep back, stay away (from me).

3.1.1. K+*DAT* of an animate or inanimate complement qualifying the adverbialized nouns *лицо́м* (facing) or *спино́й* (with one's back to) indicates the direction in which the subject of the sentence is oriented.

Почему́ ты сиди́шь лицо́м к ве́тру?	Why are you sitting with the wind in your face?
Ся́дьте лицо́м к све́ту.	Sit (down) facing the light.
В авто́бусе спино́й ко мне сиде́ла же́нщина в но́рковой шу́бе.	In the bus with her back to me sat a woman in a mink coat.

3.2. НАВСТРЕ́ЧУ (in pre- or postposition)+*DAT* of an animate complement indicates simultaneous movement of the complement and the subject of the sentence in each other's direction (in answer to the question *куда́?*).

Ребёнок уви́дел отца́ и побежа́л ему́ навстре́чу.	The child saw his father and ran to meet (toward) him.
Навстре́чу нам / Нам навстре́чу шёл ста́рый знако́мый.	An old acquaintance was walking towards us.

3.3. НА and В+*ACC* of the name of a city are synonymous and interchangeable in the context of transportation to that city.

Поезд идёт в Москву / на Москву.	*The train is headed for / is going to Moscow.*
автобус на Одéссу/в Одéссу	*the bus for Odessa*
билéт на Москву /в Москву	*a ticket for / to Moscow*
самолёт в Ленингрáд/ на Ленингрáд	*the plane for / to Leningrad*

3.4. ОТ+*GEN* combines with both animate and inanimate complements to indicate the starting point of a motion (in answer to the question *откуда?*).

(a) An animate complement indicates the person from whom the subject of the sentence directs a motion, or the person from whom something originates.

Он óчень пóздно вернýлся домóй от друзéй.	*He got back home very late from seeing his friends.*
Я сегóдня получúл 2 письмá от друзéй из СССР.	*Today I got 2 letters from friends in the USSR.*

(b) An inanimate complement indicates the place from alongside of which motion begins.

Преподавáтель отошёл от доскú, чтóбы нам лýчше бы́ло вúдно.	*The teacher stepped away from the board so we could see better.*
Не отходú от плиты́ / от машúны!	*Don't leave the stove / the car!*
От стáнции метрó я всегдá идý домóй пешкóм.	*I always walk home from the subway station.*

Запомните!	
к себé	*pull*
от себя́	*push (on doors)*

Exercise 15. Form sentences according to the model.

Образец: Он пришёл в университет в час.
Он ушёл из университета в час.

1. Он пришёл на занятия поздно.
2. Он пришёл в школу в 9 часов.
3. Он пришёл на работу в 11 часов.
4. Он пришёл на урок в 2 часа.
5. Он пришёл в столовую в час.
6. Он пришёл в клуб на собрание в 8 часов.
7. Он пришёл к нам вечером.
8. Он пришёл к врачу рано.
9. Он пришёл к нам в час.
10. Он пришёл к нам в 5 часов.

Exercise 16.   Give sentences with the opposite meaning.

1. Она пришла в поликлинику к врачу.
2. Они приехали в Париж к одному другу.
3. Он пришел в Большой театр на новый балет.
4. Он пришла в университет на занятия.
5. Его родители приехали на юг в дом отдыха.
6. Они пришли к Ивановым на вечер.
7. Она пришла в Малый театр на новую пьесу.
8. Ваня поехал в деревню к бабушке.
9. Маша пошла в институт на лекцию.
10. Ирина поехала на родину к своей семье.

Exercise 17. Give Russian equivalents.

1. Her husband returned from a business trip last week.
2. Why do you always get back from classes so late?
3. We often go to the Bolshoy to see ballets.
4. I go to the country to see my grandmother once a month.
5. Do you often call your friends in Moscow?
6. Go to the Leningrad station and buy tickets for the evening train.
7. When do Peter and Paul get home from school?
8. He's not here. He's still in class.

9. Go to Jurij Vasilievich's and see if he wants to go to the opera with us.
10. Yesterday we went on an excursion to a collective farm.
11. Get your coat out of the closet and put it on.
12. Who met you at the airport?
13. Ivan Grigorievich isn't back from lunch yet.
14. I'm going to get back from the university late today.
15. Eskimos live both in Alaska and on the territory of the USSR.
16. Go to the book store "Druzhba" on Tverskaya street.
17. Where do you like to take your summer vacation, in the North or in the South?
18. Who's that walking toward us?

§4. Prepositions Indicating Position

4.1. НАД (НАДО)+*INSTR* indicates position over someone, or something (in answer to the question *где?*), or motion to that position (in answer to the question *куда?*), with no physical contact between what is denoted by the complement and the point of reference.

Она наклонилась над ребёнком.	*She bent over the child.*
Над Красной площадью летал самолёт.	*There was a plane circling Red Square.*
Он повесил фотографию над столом.	*He hung the photograph above the desk.*

4.2. ПОД (ПОДО)+*INSTR* indicates stationary position under someone or something; ПОД (ПОДО)+*ACC* indicates motion to that position.

Карандаш лежит на полу под столом.	*The pencil is on the floor under the table.*
Карандаш упал под стол.	*The pencil fell under the table.*
Положи подушку под голову!	*Put a pillow under your head.*

4.3. ЗА+*INSTR* and ЗА+*ACC* indicate position behind or movement to a position behind someone or something.

(a) ЗА+*INSTR* of an animate or inanimate complement indicates position behind or beyond someone or something in answer to the question *где?*

За домом стояла машина.	*There was a car parked behind the building.*
—Кто сидит за рулём?	*"Who's doing the driving?" ("Who's behind the wheel?")*
За мной в очереди стояла молодая женщина.	*A young woman stood in line behind me.*
За дверью лаяла собака.	*There was a dog barking on the other side of the door.*

(b) 3A+*ACC* of an inanimate complement indicates motion to a position behind or beyond the complement in answer to the question *куда?* With verbs denoting positioning or change of position (*класть\положить; ставить\поставить; вставать\встать; становиться \стать* etc.), an inanimate complement may be either in the *ACC* in answer to the question *куда?* (indicating the destination of a motion) or in the *INSTR* in answer to the question *где?* (indicating where the action denoted by the verb occurs).

Машина заехала за дом.	*The car went behind the building.*
Поставь машину за дом / за домом.	*Park the car in back of the building.*
Солнце село за горы / за горами.	*The sun set/went down behind the mountains.*
—Где ты поставил мой зонтик? (— Где сейчас стоит мой зонтик?) —(Он стоит) За дверью.	*"What did you do with my umbrella? (i.e. "Where is my umbrella?") "It's behind the door."*
cf. —Куда ты поставил мой зонтик? (—Куда ты его дел?) —За дверь.	*"Where did you put my umbrella?" "Behind the door."*
Она поставила чемодан за диван/ за диваном.	*She put the suitcase behind the couch.*

(c) Complements denoting animate beings combine only with 3A+*INSTR* to indicate either location (in answer to the question *где?*), or motion to a position behind someone (in answer to the question *куда?*).

Встань/Стань сюда, за мной!	*Stand over here, behind me.*
Они сели за нами.	*They sat (down) behind us.*
—Кто последний? —Вы за нами.	*"Who's last (in line)?" "You're after us."*
За мной в очередь встала/стала молодая женщина.	*A young woman got in line behind me.*

> *Запомните!*
> жить за́ городом   *to live in the country*
> поехать за́ город   *to drive out of town/to the country*

4.3.1. ПОЗАДИ+*GEN* and 3А+*INSTR* of an animate complement are synonymous and indicate position behind someone or motion to that position, but ПОЗАДИ+*GEN* may imply that the animate complement is somewhat further removed from the point of reference. ПОЗАДИ+*GEN* also combines with inanimate complements, but only with those denoting an object having both a back and a front. Complements denoting other objects combine with 3А+*ACC* or 3А+*INSTR*.

Позади меня / За мной сидёл старик.	*An old man sat behind me.*
Позади меня / За мной сел старик.	*An old man sat down behind me.*
Позади дома / За домом стояла машина.	*There was a car parked behind the house.*
Поставьте машину позади дома / за дом /за домом.	*Park the car behind the building.*

but only:

За рекой поле, за полем лес, а за лесом деревня.	*Beyond the river is a field, and beyond the field is a forest, and beyond the forest is a village.*

4.4. ПЕРЕД (ПЕРЕДО)+*INSTR* indicates position or motion to a position in front of, and relatively close to, whatever is denoted by the complement.

Машина стояла перед домом.	*The car was parked in front of the house.*
Он поставил машину перед домом.	*He parked the car in front of the house.*
Передо мной в театре сидёла молодая жёнщина.	*A young woman was sitting in front of me in the theater.*
Передо мной в театре сёла молодая жёнщина.	*A young woman sat down in front of me at the theater.*

NOTE:

1. ВПЕРЕДИ+*GEN* is synonymous with ПЕРЕД, but may indicate that the point of reference is somewhat further removed from the complement.

Она шла впереди всех.	*She walked ahead of all the rest.*
Впереди себя в толпе Борис увидел старого знакомого.	*Ahead of him in the crowd Boris caught sight of an old acquaintance.*

2. Both ПОЗАДИ and ВПЕРЕДИ may be used as adverbs.

Самое страшное позади, самое лучшее впереди.	*The worst is over / behind us; the best is yet to come.*

4.5. МЕЖДУ+*INSTR sg.* of two complements indicates position between two different objects. When the position is between or among like objects, the complement is in the *INSTR pl.* When position is between two like objects, the complement may be in the *INSTR pl.* or *GEN pl.*

между окном и дверью	*between the window and the door*
Между домами бегали и играли дети.	*Children were running around the houses and playing.*
Между деревьями росли грибы и ягоды.	*There were mushrooms and berries growing among the trees.*
город между двумя реками / между двух рек	*a city between two rivers*
выкопать яму между двумя кустами / между двух кустов	*to dig a hole between two bushes*

Запомните!

между двух огней	*between the devil and the deep blue sea*
Пусть это останется между нами.	*Let's keep this just between you and me.*

4.6. ПРОТИВ and НАПРОТИВ+*GEN* are synonymous and interchangeable to indicate position opposite or across from someone or something. НАПРОТИВ may also function as an adverb without a complement.

В комнате против двери / напротив двери стоял большой шкаф.	*In the room opposite the door stood a large cupboard.*
Против нас / Напротив нас сидели две женщины.	*Two women were sitting across from us.*
Они живут в доме напротив.	*They live in the house across the street (from us).*

4.7.   ИЗ-ЗА+*GEN* indicates motion from a position behind or beyond a place; ИЗ-ПОД+*GEN* indicates motion from under a place.

Из-за печи выскочила мышь.	*A mouse jumped out from behind the stove.*
Вытащи ящик из-под кровати!	*Pull the box out from under the bed!*

Запомните!

поехать за границу	to go abroad
жить за границей	to live abroad
вернуться из-за границы	to return from abroad
идти за́ угол / за у́гол	to go around the corner
идти из-за угла́	to come (from) around the corner

Exercise 18.   Answer the questions according to the model.

Образец: Карандаш упал под стол.
    —*Где лежит карандаш?*
    —*Карандаш лежит под столом.*

1. Он поставил чемодан за шкаф. —Где стоит чемодан?
2. Я поставил ботинки под кровать. —Где стоят ботинки?
3. Коля сел за стол. —Где сидит Коля?
4. Я положил письмо под журнал. —Где лежит письмо?
5. Миша спрятался за дверь. —Где стоит Миша?
6. Родители ездили за́ город. —Где были родители?
7. Книга упала за шкаф. —Где лежит книга?
8. Саша спрятался за дерево. —Где прячется Саша?

9. Карандаш упал под кресло. —Где лежит карандаш?
10. Я поставил туфли под диван. —Где стоят туфли?
11. Родители ездили за границу. —Где были родители?
12. Дети спрятались под кровать. —Где прячутся дети?

Exercise 19. Form sentences according to the model.

Образец: Карандаш лежит под столом.
    —*Возьми карандаш из-под стола!*

Чемодан стоит за шкафом.
    —*Возьми чемодан из-за шкафа!*

1. Ботинки стоят под кроватью.
2. Письмо лежит под журналом.
3. Зонтик стоит за дверью.
4. Туфли стоят под диваном.
5. Журнал лежит за диваном.
6. Ручка лежит под письменным столом.
7. Ботинки стоят под стулом.
8. Журнал лежит под папиным креслом.

Exercise 20. Give Russian equivalents.

1. The cat ran behind the couch and the mouse jumped out from behind it.
2. Next summer I'm going abroad to study at Moscow State University.
3. She's abroad for the first time in her life.
4. Where should I hang the picture, over the couch or over the easy chair?
5. Take that horrible picture off the wall.
6. "Where do you want me to hang this announcement?" "Over the door."
7. Put the armchair in front of the window.
8. The newspaper fell behind the couch.
9. Have Misha and Anna Ivanov returned from abroad yet?
10. Who's going to take the (steering) wheel?
11. Why are you standing behind the door?
12. A rabbit jumped out from behind a bush, a snake crawled out from behind a rock, and I hid behind a tree.

13. Who's that sitting behind us?
14. The patient was lying behind the screen.[1]
15. The car turned the corner and disappeared.
16. The sun disappeared (hid) behind a cloud.
17. Get the suitcase from behind the door.
18. The ball rolled under the bed. Get it out from under the bed.
19. Put the suitcase under the bed.
20. Your shoes are under the bed.
21. I hung a tapestry (carpet) over my bed.
22. Don't put your shoes under my bed!
23. You can park in front of our house.
24. There was a small plane flying over the Kremlin and Red
    Square.

_____

[1]ширма

§5. Prepositions Indicating Proximity

5.1. Degrees of proximity are indicated by the following prepositions:

ВОЗЛЕ + *GEN*	along side of
ОКОЛО + *GEN*	near, around (*in the proximity of*)
У + *GEN*	close to, by (*not far removed from*)
РЯДОМ С + *INST*	next to, beside, by [*when indicating proximity of two or more animate or two or more inanimate objects*][1]

ВОЗЛЕ, ОКОЛО and РЯДОМ С combined with both animate and inanimate animate complements are synonymous. When indicating proximity, У combines only with inanimate complements (cf. §2.2 above).

Всё это случилось
{ во́зле на́шего до́ма.
у на́шего до́ма.
ря́дом с на́шим до́мом. }
All that happened near our house.

Ма́льчик стоя́л
{ во́зле ма́тери.
о́коло ма́тери.
ря́дом с ма́терью. }
The boy stood near (close to, beside) his mother.

Он сиде́л всю ночь
{ во́зле больно́й сестры́.
о́коло больно́й сестры́.
ря́дом с больно́й сестры́. }
He spent the night near / at the bedside of his sick sister.

but:
Он сиде́л всю ночь у больно́й сестры́.
He spent the night with (at the home of) his sick sister.

> **NOTE:**
> У + *GEN* of a complement denoting an object may qualify a noun referring to part of that object. In this context, У + *GEN* and the *GEN* of the complement *without the preposition* are synonymous and interchangeable:
>
> Дно у э́того чемода́на двойно́е.   *This suitcase has a false bottom.*
> Дно чемода́на двойно́е.
>
> У ча́йника отби́т но́сик.   *The teapot has a broken (off) spout.*
> Но́сик ча́йника отби́т.

---

[1]One may say Ма́льчик стоя́л ря́дом с ма́терью but not *Ма́льчик стоя́л ря́дом с окно́м / кре́слом/ма́шиной etc.

5.2. ПРИ+*PREP* may indicate concrete or figurative proximity.

(a) With an animate complement, ПРИ indicates:

1) The person in whose presence the verbal action takes place:

Нельзя / Не на́до так говори́ть при де́тях.	*You mustn't (shouldn't) talk that way in front of children.*
Он э́то сказа́л при мне.	*He said that in my presence / in front of me.*

2) The person in whose possession or on whose person the object mentioned is located (with personal pronoun complements):

Все ну́жные докуме́нты при нём.	*He is carrying all the necessary papers. / He has all the necessary papers on him.*
При вас ли ваш па́спорт?	*Do you have your passport (on you / with you)?*

Запомните!

име́ть при себе́	*to have on one's person; to be carrying (something) with (on) oneself*
Ты име́ешь па́спорт при себе́?	*Have you got your passport on / with you?*

(b) ПРИ+*PREP* indicating concrete proximity is synonymous and interchangeable with (see §5.1. (a) above), *only* with the following complements.

вход вы́ход доро́га	впаде́ние слия́ние	} (двух рек)

Встре́тимся при вхо́де (у вхо́да / о́коло вхо́да) в теа́тр.	*Let's meet at the theater entrance.*
Го́род нахо́дится при слия́нии (у слия́ния / о́коло слия́ния) трёх рек.	*The city lies at the confluence of three rivers.*

(c) ПРИ+*PREP* indicates figurative proximity when the complement denotes a place with which someone or something is affiliated, connected, or closely associated. In contrast, В+*PREP* of a noun denoting a place indicates concrete location at that place. The two prepositional phrases are not usually interchangeable.

При нáшем институ́те отли́чная библиотéка.

Our institute has an excellent library (on its premises).

Cf. В нáшем институ́те отли́чная библиотéка.

There is an excellent library in our institute (in the building).

Он ужé мнóго лет рабóтает в лаборатóрии при нáшем институ́те.

He has been working in our institute laboratory for many years.

Cf. В нáшем институ́те у́чится мнóго инострáнцев.

There are a lot of foreigners studying at our institute. (Many [A lot of] foreigners study at our institute).

При нáшем дóме есть дéтская площáдка.

Our (apartment) building has a children's playground.

Cf. В нáшем доме живу́т тóлько инострáнцы.

Only foreigners live in our (apartment) building.

Запомните!

При чём тут вы? — *What concern is that of yours? That's none of your business.*

Я ни при чём. — *I've got nothing to do with it. That's not my concern.*

5.3. Location Close to *vs.* Motion Close to.

(a) ВОЗЛЕ, ОКОЛО+*GEN* and РЯДОМ С+*INST* combined with both animate and inanimate complements and У+*GEN* of an inanimate complement may qualify verbs denoting a stationary position (in answer to the question *где?*), as well as verbs denoting change of position (in answer to the question *куда?*).

Где?

ANIMATE COMPLEMENTS

Он сидел $\left\{\begin{array}{l}\text{о́коло меня́.}\\\text{во́зле меня́.}\\\text{ря́дом со мной.}\end{array}\right.$

He was sitting by me.

INANIMATE COMPLEMENTS

Он стоял $\left\{\begin{array}{l}\text{у две́ри.}\\\text{во́зле две́ри.}\\\text{о́коло две́ри.}\end{array}\right.$

He was standing by the door.

Я стоял $\left\{\begin{array}{l}\text{у вхо́да в дом.}\\\text{при вхо́де в дом.}\\\text{о́коло вхо́да в дом.}\end{array}\right.$

*I was standing by the
entrance to the building.*

Куда?

Он сел $\left\{\begin{array}{l}\text{о́коло меня́.}\\\text{во́зле меня́.}\\\text{ря́дом со мной.}\\\text{ко мне.}\end{array}\right.$

He sat down by / with / beside me.

Он $\left\{\begin{array}{l}\text{встал}\\\text{стал}\end{array}\right\}$ $\left\{\begin{array}{l}\text{у окна́.}\\\text{возле окна́.}\\\text{около окна́.}\\\text{к окну́.}\end{array}\right.$

*He went (over) and stood by
the window.*

Запомните!
Поди́/те (Пойди́/те) сюда́!   *Come (over) here!*

5.4. **Стол** (*table*) , **роя́ль** (*piano*), **прила́вок** (*counter*) combine
with these prepositions as follows:

(a) **стол**:

сиде́ть за столо́м
*to be sitting at a table / desk (with
one's feet under it).*

сади́ться\сесть за стол
*to sit down at a table / desk (with
one's feet under it).*

$\left\{\begin{array}{l}\text{сиде́ть}\\\text{сади́ться\сесть}\end{array}\right\}$ $\left\{\begin{array}{l}\text{у}\\\text{во́зле}\\\text{о́коло}\end{array}\right\}$ стола́
*to be sitting by a table / desk
to sit down by the table / desk*

$$\left\{\begin{array}{l}\text{выходи́ть\вы́йти}\\\text{встава́ть\встать}\\\text{поднима́ться\подня́ться}\end{array}\right\}\text{ из-за стола́}$$

to leave the table
to get up from the table

Я сиде́л за пи́сьменным столо́м
и писа́л письмо́.

I was sitting at the desk and
writing a letter.

$$\text{Он стоя́л }\left\{\begin{array}{l}\text{у}\\\text{во́зле}\\\text{о́коло}\end{array}\right\}\text{ стола́ и смотре́л,}$$
что я пишу́.

He stood by the table and
watched what I was writing.

(b) **роя́ль**:

сиде́ть за роя́лем

to be sitting at a piano (in front of
he keyboard) or to be playing the
piano

сади́ться\сесть за роя́ль

to sit down at a piano (and play it)

сиде́ть у роя́ля

to be sitting by / beside / next to
the piano

$$\left\{\begin{array}{l}\text{встава́ть\встать}\\\text{поднма́ться\подня́ться}\end{array}\right\}\text{ из-за роя́ля}$$

to get up from the piano

Она́ сиде́ла за роя́лем и
игра́ла гру́стную пе́сню.

She sat at the piano and played a
sad song.

Он стоя́л у роя́ля и пла́кал.

He stood by / beside the piano and
cried.

(c) **прила́вок**:

стоя́ть (рабо́тать) за прила́вком

to stand (work) at / behind
the counter

стоя́ть у прила́вка

to stand in front of the
counter

стоя́ть о́коло / во́зле прила́вка

to stand around (near) the
counter

выходи́ть\вы́йти из-за прила́вка

to leave the counter[1]

отходи́ть\отойти́ от прила́вка

to step away (back) from
the counter

Продаве́ц стои́т за прила́вком, а
покупа́тель стои́т у прила́вка.

The clerk stands behind
the counter, but the
customer stands in front.

О́коло / Во́зле прила́вка собрала́сь
больша́я толпа́.

A large crowd formed near
the counter.

---

[1]in reference to a salesperson

5.5. ПОД+*INSTR* of the name of a city indicates location in close proximity to that city and is synonymous and interchangeable with ОКОЛО and НЕДАЛЕКО ОТ+*GEN* of the name of a city. ПОД+*ACC* of the name of a city indicates motion to close proximity of that city and is not interchangeable with any other preposition.

В но́вом посёлке под Москво́й (о́коло Москвы́ / недалеко́ от Москвы́) откры́т но́вый спорт-клу́б.

A new sports club has been opened on the outskirts of Moscow.

Они́ перее́хали под Ленингра́д.

They moved to the outskirts (suburbs) of Leningrad.

5.6. МИМО+*GEN* combines with animate or inanimate complements to indicate movement past an object.

Я мно́го раз проходи́л ми́мо их до́ма.

I've passed (by) their house many times.

Он прошёл ми́мо нас, не сказа́в ни сло́ва.

He walked past us without saying a word.

5.6.1. ВДОЛЬ+*GEN* combines inanimate complements to indicate the place along whose length motion procedes or something is located. ВДОЛЬ ПО+*DAT*, used less frequently, indicates the place along whose surface and length motion procedes.

Мы шли вдоль Кремлёвской стены́.

We were walking along the Kremlin wall.

Вдоль забо́ра росли́ тульпа́ны.

There were tulips growing along the fence.

Вдоль по реке́ плыву́т паруса́.

Sailboats are sailing along the river.

«Вдоль по у́лице мете́лица метёт...»

"A snowstorm is sweeping down the street..."   [folksong]

Запомните!

вдоль и поперёк   *all over, throughout; inside out*

Мы изъе́здили э́ту страну́ вдоль и поперёк. *We've travelled all over this country.*

Она́ зна́ет Толсто́го вдоль и поперёк. *She knows Tolstoy inside out.*

NOTE: Prepositional phrases with ми́мо and вдоль most often qualify verbs of motion without prefixes or with the prefix про-

eg.	идти́	пройти́
	е́хать	прое́хать
	лете́ть	пролете́ть
	бежа́ть	пробежа́ть and others, as

well as the verbs *течь, протека́ть, мча́ться, про-мча́ться.*

Verbs formed with the prefix про- from intransitive verbs of motion become transitive and may have the following meanings:

1. Movement past an object; the preposition may be omitted with an inanimate complement:

Он прошёл ми́мо апте́ки.	*He walked by the drugstore.*
Над на́ми пролете́л самолёт.	*A plane flew over us.*
Вы уже́ прошли́ апте́ку.	*You've already passed the drugstore.*

2. Movement through an object; the preposition may be, but usually is not, omitted:

Мы прое́хали сквозь (че́рез) 5 дли́нных тонне́лей (тунне́лей).	*We rode through 5 long tunnels.*

3. Movement over a certain distance (ACC with no preposition).

Я могу́ пробежа́ть ми́лю за 6 мину́т.	*I can run a mile in 6 minutes.*
Ско́лько миль мы уже́ прое́хали?	*How far have we gone?*

4. Movement towards a goal; penetration of space:

Проходи́те, пожа́луйста!	*Go on, go (on) ahead.*
Как пройти́ к Большо́му теа́тру?	*How can one get to the Bolshoy Theatre?*

5. Movement through points on a route (ACC with no preposition):

Мы прое́хали Бо́стон и пое́хали да́льше.	*We passed through Boston and drove on further.*

6. Movement past one's goal; an erroneous action (ACC with no preposition):

Вы прое́хали свою́ остано́вку.	*You've missed your stop.*

Exercise 21.   Give synonyms for the phrases in bold type.

1. Их дача стояла **при дороге**.
2. Я буду ждать тебя **у входа** в метро.
3. Наш город стоит **в месте** слияния двух рек.
4. Жди меня **при выходе** из метро.
5. **Около дороги** стояла маленькая хижина.
6. Этот город стоит **при впадении** реки в море.
7. Я стоял **рядом с** ней.
8. Ребята сидели **около костра́**.
9. Наш дом стоит **у реки**.
10. **Около** дороги рос старый дуб.
11. **У меня** не было денег.
12. **Это меня не касается**.
13. Стены **у этой башни** двойные.
14. Все бумаги **у неё**.
15. **Каждая школа имеет** библиотеку.
16. **В нашем клубе** работает драматический кружок.
17. **Большой театр имеет** хореографическое   училище.
18. **Университет имеет** комбинат бытового обслуживания.
19. **Этот магазин имеет** детскую комнату.
20. **Каждый вокзал имеет** комнату матери и ребёнка.
21. **Все фабрики и заводы имеют** детские ясли.

Exercise 22. Use the preposition ПРИ with the reflexive pronoun СЕБЕ or the appropriate personal pronoun

1. Мы имели _____ необходимые вещи.
2. Он спросил нас, имеем ли мы_____ удостоверение личности.
3. Он спросил меня, _____ ли мой паспорт.
4. Ты имеешь _____ пропуск?
5. Когда отправляешься в далёкий поход, нужно обязательно иметь_____ одеяло и подушку.

Exercise 23. Give Russian equivalents of the English words.

1. Что мы будем петь? Кто будет сидеть (*at the piano*)?
2. Я всегда занимаюсь (*at this table*).
3. Он стоял (*at the counter*) и разговаривал с продавцом.
4. Официант стоял (*at the table*) и принимал наш заказ.
5. (*At the table*) сидело человек десять.
6. Он стоял (*at the table*) и смотрел, чтó мы ели.
7. Брат сидел в кресле (*by the table*) и читал.
8. Я спросил продавщицу, которая стояла (*at the counter*), что у них есть.
9. Она стояла (*by the piano*) и пела грустную песню.
10. (*At the piano*) сидел известный всему миру артист.

Exercise 24. Form sentences according to the model.

Образец: Они живут недалеко от Москвы.
          Они живут под Москвой.

1. Они живут недалеко от Нью-Йорка.
2. Они живут недалеко от Парижа.
3. Они живут недалеко от Монреáля.
4. Они живут недалеко от Варшáвы.
5. Они живут недалеко от Волгогрáда.
6. Они живут недалеко от Сóчи.
7. Они живут недалеко от Гóрького.
8. Они живут недалеко от Запорóжья
9. Они живут недалеко от Казáни.
10. Они живут недалеко от Ростóва-на-Донý.
11. Они живут недалеко от Ленинграда.
12. Они живут недалеко от Еревáна.
13. Они живут недалеко от Сарáтова.
14. Они живут недалеко от Чикаго.
15. Они живут недалеко от Тбилиси.
16. Они живут недалеко от Филадельфии.
17. Они живут недалеко от Бостона.
18. Они живут недалеко от Лос-Анджелеса.

Exercise 25. Give Russian equivalents.

1. I'll meet you at the subway exit, but don't be late.
2. Who's that at the piano?
3. While I was standing at the counter, I realized I had no money.
4. Her brothers live on the outskirts of New York.
5. We were sitting at the table having dinner, when suddenly someone knocked at the door.
6. They sat around the campfire all night and sang Russian songs.
7. They ate quickly and left the table.
8. I want you to stand over there by the window.
9. Go to the window and see what's happening on the street.
10. I'll sit down and play you a song by Rachmaninov.
11. His grandparents live right outside of Odessa.
12. Who was that who just ran by our window?
13. Go stand over by your mother.
14. Go up to the counter and see if they have any meat today.
15. Go over to the counter and see what books they have in stock.
16. Come to the table. Dinner is ready.
17. This suitcase has a broken handle.
18. Why are all those people standing by the counter?
19. My sisters moved to the outskirts of Leningrad.
20. Wait for me by the entrance to the Bolshoy Theater.
21. I thanked them for the dinner and left the table.
22. She sat down at the piano and played a Beethoven sonata.
23. Step back to the window.
24. Put the suitcase by the door.
25. Don't put anything near the piano.
26. Keep back, you have a bad cold.
27. His father told him to leave the table.
28. Dinner is ready. Call everybody to the table.
29. Leave the table! / Go away from the table!
30. The TV doesn't work. Its switch is broken.
31. We'll hang these announcements by the entrance to the lecture hall.
32. He walked right past us and didn't even say hello.

§6. У + *GEN* of Animate Complements

The syntactic values of У+*GEN* of animate complements are derived from but are not synonymous with those of У+*GEN* of inanimate complements indicating proximity (see §5.1 above). An animate complement combined with У may indicate:

6.1. The source.

When in non-initial position and not answering to **чей**, У indicates the person from whom the subject of the sentence obtains something by active involvement. Verbs qualified by У in this meaning are: *взять, просить, спросить, учиться, узнать.*

Я взял эти книги у Бориса.	*I got these books from Boris.*
Борис попросил у меня книги.	*Boris asked me for some books.*
У кого ты научился таким словам?	*Who did you learn such words from?!!!*
Отними ножницы у Бориса!	*Take the scissors away from Boris!*

> **NOTE:**
>
> 1. брать\взять + У + *GEN* of an *animate* complement is similar in meaning to *to borrow (something) from someone:*
>
> —Откуда у вас эта книга?   *"Where did you get that book (from)?"*
> —Я её взял у друга.   *"I got it / borrowed it from a friend."*
>
> 2. брать\взять + В or НА + *PREP* of an *inanimate* complement indicates the place where something is normally to be found:
>
> —Откуда у вас эта книга?   *"Where did you get that book (from)?"*
> —Я её взял в библиотеке /   *"I got it from the library /*
>   на кафедре.   *the department library."*
>
> 3. узнать + У +*GEN* and узнать + ОТ +*GEN* of an animate complement have different nuances of meaning:
>
> —Откуда вы это знаете?   *"How do you know that?"*
>   —Я узнал у него. = Я спросил его об этом.
>   —Я узнал от него. = Он мне это сказал.
>
> —Узнай у декана! = Спроси у декана (Спроси декана).

6.2. The possessor:

(a) In initial sentence position with the verbal predicate *быть,* the phrase indicates the person having, owning, or in possession of whatever is the grammatical subject of the Russian sentence. The subject may refer to an animate being or to something concrete. The complement of the preposition is the animate subject of the English verb *to have:*

У моего брата новая машина.	*My brother has a new car.*
У нас двое детей.	*We have two children.*
Ни у кого нет этого журнала.	*No one has that magazine.*

NOTE:

1. When subject of the English verb *to have* is inanimate, it is expressed in Russian by В, НА, or ПРИ +*PREP* or (less frequently) as the subject of the verb иметь (see §5.2 above):

В этой библиотеке большая коллекция рукописей. (Эта библиотека имеет большую коллекцию рукописей).	*This library has a large collection of manuscripts.*

2. *Есть* (the present tense of *быть*) is expressed only in questions asking about the existence of something or in statements emphasizing the actual existence or possession of something. It is not expressed when the quality or quantity of something known to exist is mentioned.

У меня уже есть эта книга.	*I already have that book.*
—У вас есть братья?	*"Do you have any brothers?"*
У Нины длинные чёрные волосы.	*Nina has long black hair.*
У Бориса мало денег.	*Boris doesn't have much money.*
У неё две сестры.	*She has two sisters.*

Запомните!

Я имею честь представить вам товарища Н.	*I have the honor to present Comrade N.*
Вы не имеете права жить здесь.	*You don't have the right to live here.*

(b) У+*GEN* of an animate complement may also qualify a prepositional phrase indicating location at a place. It is synonymous and interchangeable with the *GEN* of the complement without a preposition (*GEN* of possession) or a possessive pronoun in answer to the question **чей?**

В ко́мнате у Бори́са⎫ У Бори́са в ко́мнате⎬ удо́бное кре́сло. В ко́мнате Бори́са⎭	There's a comfortable arm-chair in Boris' room. / Boris has a comfortable armchair in his room.
В су́мке у меня́⎫ У меня́ в су́мке⎬ нет де́нег. В мое́й су́мке⎭	I don't have any money in my purse. / There's no money in my purse.

NOTE:
    When qualifying a prepositional phrase indicating destination of a motion (*в ко́мнату, на да́чу*), the possessor may be expressed as follows:

В ко́мнату Бори́са⎫ К Бори́су в ко́мнату⎭несу́т но́вую ме́бель.	They're taking new furniture into Boris' room.

Ле́том мы е́дем к друзья́м на да́чу.	Next summer we're going to visit some friends at their dacha.

Cf.   Ле́том мы бу́дем у друзе́й на да́че.

6.3. Someone's residence or place of stay where the animate subject of the sentence is located (see §2.2 above). Phrases with this meaning often qualify verbs such as **жить, останови́ться, посели́ться**. They may also qualify **быть** (not expressed in the present tense) and others. The position of the prepositional phrase in a sentence depends on what new information is being conveyed.

Ле́том мы жи́ли *у тёти в дере́вне.* (Где вы жи́ли ле́том?)	In the summer we lived in the country with our aunt.
В Нью-Йо́рке мы остано́вимся *у его́ дя́ди.* (Где вы остано́витесь в Нью-Йо́рке?)	In New York we'll stay at his uncle's.

У бабушки всё лето были *дети.* (Кто был у бабушки всё лето?)	The kids were at grandmother's all summer.
Вчера вечером мы были у *Ивановых.* (Где вы были вчера вечером?)	Last night we were at the Ivanovs'.
Вчера вечером у Ивановых были *гости.* (Кто был у Ивановых вчера вечером?)	The Ivanovs had guests last night.
У Ивановых были гости *весь вечер.* (Сколько времени у Ивановых были гости?)	The Ivanovs had guests all night.

6.4. *У нас, у вас, у них* (the pronoun is in the plural only) may be used adverbially in the meanings: *here, there, in our (your, their) country.* Cf. French *chez nous, chez vous, chez eux.*

У нас нет безработицы. У нас каждый имеет право работать.	We have no unemployment. In our country, everyone has the right to work.

Exercise 26. Дайте английские эквиваленты:

1. Я весь вечер просидел/а около больной сестры.
   Я весь вечер просидел/а у больной сестры.
2. Около Бориса стояла группа туристов.
   Мы готовились к экзаменам у Бориса.
3. На лекции я обычно сижу возле Нины.
   Вечера я обычно провожу у Нины.
4. Лагерь находится возле моря.
5. Кресло стоит возле кровати.
6. Около окна стоял столик.
7. «Стойте возле меня»! —сказала мать детям.
8. Она сидела возле стола.
9. Я тебя встречу около выхода из метро.
10. Жди меня у входа в кино!

Exercise 27. Form sentences according to the model.

Образец: осёл - длинные уши
           У осла длинные уши.

1. лисица — пушистый мех
2. журавль —длинная шея
3. сова — круглые глаза
4. жираф — длинная шея
5. слон — длинный хобот

6. тигр — острые зубы
7. орёл — крупные крылья
8. страус — ценные перья
9. соболь — ценный мех
10. верблюд — один или два горба

Exercise 28.   Give Russian equivalents.

1. "Do you have any relatives in the USSR?" "Yes, lots of them."
2. "Do monkeys have long tails?" "I don't even know, if monkeys have tails."
3. Do you have my Russian dictionary or does Bill have it?
4. "Do you have any Russian-English dictionaries?" "Yes, we have the Smirnitsky and the Oxford dictionaries."
5. Why doesn't anyone in town carry Russian newspapers?
6. I told Mr. Obalduev that we have big cities and excellent highways in our country and he told me that we also have big problems in America.
7. "Do you still have big tigers in Siberia?" "Of course we do."
8. While I was out, someone entered my room.
9. I only had $10 on me.
10. None of the students has the right textbook.
11. What kind of a tail does an elephant have?
12. Do camels have one hump or two?
13. Why doesn't anyone have any money?
14. Did you check this book out of the library or did you buy it?
15. May I borrow this book from you for a few days?
16. A huge black Chajka drove up to their house and a short man in a dark suit got out of it, went up to their door and knocked on it.
17. Don't leave my side!
18. "Where are you taking us?" "To see a friend of mine."
19. I wanted to buy a paper, but I didn't have any money on me.
20. Their university has a huge new gym.
21. Keep your passport on you at all times.
22. Our dormitory has a dining hall, a library, and a laundry.
23. Do you have any money on you?
24. This store doesn't have any vodka.
25. Does this house have central heating?
26. Does your university have an infirmary.
27. This theater always has good movies.
28. Does the library have a cafeteria in it?
29. Did the store have any new Russian books?
30. Do you have a pass?
31. Do you have your pass with you?

§7. ПО + *DAT* of Complements Denoting a Place

7.1. ПО+*DAT sg.* indicates

(a) the place on whose surface motion proceeds or the the route of a motion, or the place throughout which the verbal action takes place.

Сейчác мы идём по Крáсной плóщади.	*Right now we're walking across / through Red Square.*
Кто это идёт по ýлице?	*Who's that walking along (up / down) the street?*
Мы дóлго шли по нáбережной Невы́.	*We walked along the Neva embankment for a long time.*
Проéдемся по гóроду!	*Let's take a drive through / around town!*
Кáждый день сóтни людéй éздят по э́тому мостý.	*Every day hundreds of people cross this bridge.*
Грузовикáм нельзя́ éздить / ходи́ть по э́той дорóге.	*Trucks are not allowed to travel* $\begin{cases} \textit{along this road.} \\ \textit{on this road.} \\ \textit{over this road.} \\ \textit{by this road.} \end{cases}$

(b) the place throughout which something is located or throughout which an action occurs:

По всемý дóму раздáлся звук вы́стрела.	*The sound of a shot resounded through the whole building.*
Дéти бéгали по дворý/пó двору.	*The children were running around the yard.*

Запомните!

1. путешéствовать по Еврóпе по Áфрике	to travel through Europe / through Africa
2. путешéствие по СССР	a trip through the USSR
3. путеводѝтель по Москвé / по Нью-Йóрку	a guidebook to Moscow / to New York
4. плыть вверх по течéнию	to swim / to sail upstream
5. плыть вниз по течéнию	to swim / to sail downstream

7.2. ПО+*DAT* pl. indicates

(a) a number of places where motion proceeds simultaneously:

Слёзы потеклѝ по её щекáм	*Tears started flowing down her cheeks.*
Пóсле концéрта все разошлѝсь по домáм.	*After the concert everyone went home (each to his/her own home).*

(b) a number of places where or to which motion procedes consecutively (synonymous with combinations of prepositions indicating location or motion from one place to another):

Турѝсты ходѝли по зáлам (из зáла в зал) галерéи и смотрéли картѝны.	*The tourists walked through the rooms of the gallery looking at the pictures.*
В пóисках журнáла онá ходѝла по киóскам (от киóска к киóску).	*In search of the magazine she went from one newsstand to another.*

(c) a number of surfaces on which something is located (synonymous with other prepositions indicating location:

По стéнам кóмнаты (На стéнах кóмнаты) висéли картѝны.	*There were pictures hanging all over the walls of the room.*

Запомните!

по обéим сторонáм — *on both sides*

Exercise 29. Give English equivalents of the following sentences. Identify each verb of motion (imperfective or perfective; multidirectional or unidirectional). What does ПО+*DAT* indicate with each of these verbs?

1. Дети бегали пó двору (по дворý).
2. Туристы идут/ходят по Исаáкиевской площади.
3. Он встал и заходил по комнате.
4. Проедемся по городу!
5. Как я люблю лазить по горам.
6. Всё утро мы ходили по лéсу (пó лесу).
7. По какой дороге вы ехали сюда?
8. Пройдёмся по лéсу (пó лесу)!
9. Дети побежали по улице.
10. Каждый день я иду домой по этой же дороге.
11. Мы долго ходили/шли по нáбережной Москвы-реки.
12. Когда нас водили по Красной площади, я фотографировал Кремль и ГУМ.
13. После собрания все разошлись по домам.
14. По всем группам провели контрольные работы.
15. Он ипохондрик и давно уже ходит по врачам.
16. Мы весь день ходили по магазинам.
17. Этот ковёр новый. Не ходите по нему!
18. Я первый раз еду по этой улице.

Exercise 30. Substitute constructions with ПО+*DAT* for the words in bold type. Make any other necessary changes.

1. Я искал эти факты **во всех справочниках**.
2. Агитаторы ходили **во все квартиры** и уговаривали жильцов голосовать за их кандидатов.
3. После окончания университета мои друзья разъехались **в разные города**.
4. В пóисках этой книги я ходил **из магазина в магазин**.
5. Он уже давно ходит **от одного психиатра к другому**.
6. Нас возили **на разные фабрики**.

7. Дети лазали **с одного дерева на другое**.
8. Это имя известно **во всей Америке**.
9. **Во всем мире** начинается движение за запрещение ядерного оружия.
10. Летом они обычно **ездят в Европу**.

Exercise 31. Give Russian equivalents.

1. While were were walking through the forest, he told us about his trip to China.
2. The cars were traveling along the highway quite fast.
3. His parents are going down the Volga on a brand new steamship.
4. Do you always let your children run around the house like this?
5. This morning I took a walk along the river.
6. We took a boatride on the lake yesterday afternoon.
7. He walked across the yard very slowly.
8. The children ran around the yard with the ball all afternoon.
9. Don't drive on this street!
10. Don't walk on this new rug!
11. He was driving through some dark streets and alleys, and I got very scared.
12. Take this street!
13. She closed the book, got up from her chair, and started to pace the room.
14. Which road is it better to take to get to New York?
15. We've travelled to many countries.
16. Why are the children running around on the roof?
17. "Hey, kids, don't climb around on the roof!"
18. We took a ride around town and then had a nice dinner in a restaurant by the lake.
19. Someone was knocking at the door, so I went downstairs and opened it.
20. What cities do you have guidebooks for?
21. Do you have any guidebooks for Leningrad?
22. Every summer he goes south to go mountain climbing.
23. I went to all the classes and told the students to go home.
24. I looked for this word in all kinds of dictionaries, but I couldn't find it.
25. Send these announcements around to all groups.

26. The whole house smelled of smoke [*tr.* All over the house it smelled of smoke].
27. We combed the entire forest looking for mushrooms.
28. The news of his arrival traveled through the whole city very fast.
29. That name is very well known all over France.
30. I love to go shopping.
31. Don't walk on the grass!
32. The teacher's delegation was taken to various kindergartens.
33. I run on these streets every day.
34. The sound of a shot rang through the whole building.
35. We run through this park every day.

§8. ЧЕРЕЗ+*ACC* and СКВОЗЬ+*ACC* of Complements Denoting a Place

8.1. ЧЕРЕЗ+*ACC* indicates the place across which concrete or figurative motion proceeds from one side to the other (in answer to the question *куда́?*). The motion may be on or above the surface.

Мы éхали через пусты́ню.	*We were driving through (We were crossing) the desert.*
Cf. Мы éхали по пусты́не.	*We were driving through / in a desert* (not necessarily with the intent of crossing it).
Через ре́ку стро́ят но́вый мост.	*A new bridge is being built across the river.*
Доро́га идёт через лес.	*The road goes through a forest.*
Там в облака́х перед наро́дом, Через леса́, через моря́, Колду́н несёт богатыря́.	*Up in the clouds, in sight of the people,*
Пу́шкин	*Over the forests and over the seas, A sorcerer carries a knight.*

NOTE:

The preposition *через* may be omitted after transitive verbs of motion (or verbs denoting motion) formed from intransitive stems with the prefixes *пере-* and *про-*.

Ма́льчик переплы́л (через) ре́ку.	*The boy swam across the river.*
Маши́на перее́хала (через) мост.	*The car drove across the bridge.*
Он прошёл (через) парк и поверну́л нале́во.[1]	*He walked through the park and turned left.*
Он перепры́гнул (через) я́му.	*He jumped over the ditch.*

but:

Мать перевела́ ребёнка через у́лицу.	*The mother took her child across the street.*
Пойдём через у́лицу, посмо́трим, что́ там продаю́т.	*Let's cross the street and see what they're selling over there.*
Не пры́гай через эту я́му!	*Don't jump over that ditch / over that hole.*
Он перебро́сил мяч через забо́р.	*He threw the ball over the fence.*

---

[1]See §5.6 Note.

> *Запомните!*
> **Тóлько через мой труп!**   *Over my dead body!*

8.1.1. ЧЕРЕЗ+*ACC* of a place name indicates the place via which motion to the destination proceeds.

Они éдут в Ленингрáд через Хéльсинки.	*They're going to Leningrad by way of Helsinki.*

8.2. СКВОЗЬ+*ACC* indicates something presenting an obstruction or barrier through which motion proceeds with difficulty.

Дождь шёл сквозь крышу.	*Rain was coming through the roof.*
Он пробирáлся сквозь толпý.	*He was making his way through the crowd.*

> *Запомните!*
> **Смех сквозь слёзы.**   *Laughter through tears.*

Exercise 32. Give English equivalents of the following sentences. Pay special attention to the equivalents of ЧЕРЕЗ. Indicate the sentences in which ЧЕРЕЗ is optional.

1. Здесь нельзя переходить через улицу.
2. Самолёт летит через горы и долины. Самолёт летит над горами.
3. Мы долго ехали через пустыню. Мы долго ехали по пустыне.
4. Ребята бросали мяч через улицу.
5. Мы плыли через озеро на лодке.
6. Саша переплыл через реку.
7. Мы проехали через длинный тоннéль.
8. Мяч перекатился через улицу.
9. Шура перепрыгнул через канáву.
10. Мать осторожно перевела дочку через улицу.
11. Ваня протягивал ей цветы через гóловы провожающих.

Exercise 33. Put the words in parentheses in their proper form. Use the
    preposition ЧЕРЕЗ where necessary.

1. Когда идёшь (дорога) будь внимательным!
2. Дети лезут (забор).
3. Не перебегай (дорога)! Это опасно!
4. Мяч катился (площадка).
5. Ты сможешь переплыть (река)?
6. Мы ехали (дремучий лес).
7. Вы не знаете, когда поезд проезжает (граница)?
8. Я боюсь лететь (океан) на таком самолёте.
9. Мы ехали (река) на лошадях.
10. Он хотел прыгнуть (яма), но испугался.
11. Аквалангист переплыл (озеро) под водой.
12. Мы ехали (несколько больших тоннелей).

§9. Prepositions Indicating Distance

Distance may be expressed as the units of measurement between two points, as the points between which distance is measured or covered, or as the time required to go from one point to another. When not specifically mentioned, the starting point of the distance covered or measured is understood as the speaker's location.

9.1. The combination ОТ+*GEN* + ДО+*GEN* indicates the points between which distance is measured or covered. ОТ indicates the starting point of the measurement; ДО indicates the terminal point of the measurement, or the point reached on an itinerary. Either preposition may be used alone to indicate an unspecified distance covered.

От Ту́лы до Я́сной Поля́ны пятьдеся́т киломе́тров.	*The distance between Tula and Yasnaya Polyana is 50 kilometers.*
От Ту́лы до Я́сной Поля́ны о́коло ча́са езды́.	*It takes about an hour to drive from Tula to Yasnaya Polyana.*
От ста́нции до гости́ницы мы е́хали на такси́.	*We rode from the station to the hotel by cab.*
От ста́нции мы е́хали на такси́.	*From the station we rode by cab.*
До ста́нции мы е́хали на такси́	*We rode to the station by cab.*
До Москвы́ мы лете́ли на самолёте, а в Москве́ мы пересе́ли на по́езд.	*We flew as far as Moscow, and in Moscow we changed to a train.*

NOTE:

In the context of the *time* required to go from one city to another, the point of departure and the point of arrival may be expressed interchangeably by the combinations ИЗ/С+*GEN* + В/НА+*ACC*, or ОТ+*GEN* + ДО+*GEN* :

Из Нью-Йо́рка в Москву́ / От Нью-Йо́рка до Москвы́ 8 часо́в лётного вре́мени.	*It takes 8 hours to fly from New York to Moscow.*
Из Бо́стона в Нью-Йо́рк / От Бо́стона до Нью-Йо́рка пи́сьма иду́т 2 дня.	*It takes 2 days for letters to get from Boston to New York.*

9.2. МЕЖДУ+*INSTR* of two nouns denoting places is synonymous and interchangeable with the combination ОТ+*GEN* + ДО+*GEN* when indicating the measurement between two points.

Между Ту́лой и Я́сной Поля́ной пятьдеся́т киломе́тров.	*The distance between Tula and Yasnya Polyana is 50 kilometers.*
Между на́шим до́мом и университе́том бо́льше двух миль.	*It's more than two miles between our home and the university.*

9.3. The combination В+*PREP* of a unit of measurement + ОТ+*GEN* of a noun denoting a place indicates the distance separating the subject of the sentence from the given point.

Я́сная Поля́на нахо́дится в пяти́десяти киломе́трах от Ту́лы.	*Yasnaya Polyana is 50 kilometers from Tula.*
По́чта нахо́дится в двух кварта́лах от на́шего до́ма.	*The post office is two blocks from our house.*

Запомните!
Руко́й пода́ть (no complement) в двух-трёх шага́х (отку́да?)	*a stone's throw away*
Ближа́йший газе́тный кио́ск нахо́дится в двух-трёх шага́х отсю́да.	*The closest news stand is just a couple of steps away.*

9.4. The combination ЗА+*ACC* + ОТ+*GEN* is synonymous with В+*PREP* + ОТ+*GEN* but usually indicates the speaker's subjective estimate of a distance.

Ба́бушка жила́ за ты́сячу миль от нас.	*Grandmother lived a thousand (or so) miles from us.*

NOTE:

   ЗА+*ACC* of a numeral combined with *дом* + ОТ+*GEN* indicates the building immediately beyond the number of buildings counted from the place indicated by ОТ+*GEN*.

Они живу́т за два до́ма от угла́.	*They live in the third building from the corner.*

9.5. Approximate distance between two points is expressed by:

(a) juxaposition of the unit of measurement and the distance.

Наш дом нахóдится киломéтрах в пятй от университéта.	*Our house is about 5 kilometers from the university.*

(b) ОКОЛО+*GEN* of the measurement.

От нáшего дóма до университéта óколо пятй киломéтров.	*Our house is about 5 kilometers from the university.*

(c) the adverb ***приблизúтельно*** qualifying the measurement.

От нáшего дома до университéта приблизúтельно 5 километров	*It's about five kilometers from our house to the university.*

9.6. *How far is it to ...?*

(a) Asking for the distance between two points:

Какóе расстоя́ние мéжду { вáшим дóмом и завóдом?
Бóстоном и Филадéльфией?

Какóе расстоя́ние { от вáшего дóма до завóда?
от Чикáго до Сан-Францúско?

(b) Asking for the distance from the speaker's location to a specific point:

(1) *Далекó ли* + ДО+*GEN* of the place:

Далекó ли до цéнтра?	*How far is it to downtown (from here)?*
Далекó ли до Чикáго?	*How far is it to Chicago (from here)?*

(2) *Скóлько врéмени* in an impersonal question. The predicate is the infinitive of a unidirectional verb of motion. The desti-

nation asked for is expressed by ДО+*GEN*, or by В/НА+*ACC* of a place name (cf. §9.1 Note above).

Сколько времени идти
{
туда?
до метро?
до центра?
}

How long does it take to get (walk)
{
there?
to the subway?
downtown?
}

(How far is it to downtown / the subway?)

9.6.1. Answers to both *Далеко ли до...?* and *Сколько времени* (*идти / ехать / лететь*) may be the time required to reach the destination.

—Сколько времени идти до центра?
—Туда идти 5 минут.
(—Туда 5 минут ходьбы.)

"How long does it take to walk downtown ?"
"It takes 5 minutes."
("It's a 5-minute walk.")

—Далеко ли до Москвы?
—Туда 8 часов лётного времени.

"How far is it to Moscow?"
"It's an 8-hour flight."

9.7. **_How do (can) I / How do (can) you / How does one ... get to ...?_**

Questions asking directions for getting to a destination are introduced by *как*. The verbal predicate is expressed by the perfective infinitives *дойти, доехать, добраться, пройти, проехать* or *попасть*.

(a) With verbs prefixed by *до-*, the destination is indicated by ДО+*GEN*.

Как дойти = Как доехать = Как добраться до ...?

Как дойти до Площади революции?
Как доехать до Новодевичьего монастыря?
Как добраться до Столешникова переулка?
Как лучше доехать до центра, на трамвае или на троллейбусе?
Как быстрее доехать до университета, на метро или на автобусе?

NOTE:

Cf. **Как доéхать до...?** (an infinitive construction), which asks for directions to a destination, and **Как вы доéхали?** (*How was your trip?*, a personal construction), which asks the addressee for an evaluation of how he/she covered the distance to a destination. (**Мы доéхали благополýчно / без трудá / с приключéнием**). *Cf.* also **Как вы приéхали?** (*How did you get here?*), which asks for the means of transportation used to reach the destination (see §10.1 and §10.1.1 below).

(b) When qualifying *пройтú* or *проéхать*, the destination is indicated by K+*DAT* for B-nouns (nouns combining with B) or HA+*ACC* for HA-nouns (nouns combining with HA).

> Как пройтú к Дéтскому мúру?
> Как проéхать на Лéнинские гóры?
> Как проéхать на стадиóн им. Лéнина?
> Как пройтú к ГУМу? (к Большóму теáтру?)

(c) When qualifying *попáсть*, the destination is indicated by B or HA+*ACC*.

> Как попáсть в Новодéвичий монастýрь?
> Как попáсть в гостúницу «Междунарóдная»?
> Как попáсть в Колóменское?
> Как попáсть на Лéнинские гóры?

9.8. The terminal point of a distance measured vertically is usually expressed by ПО+*ACC* of a noun denoting a part of the body. The distance may be concrete or figurative.

стоЯть по щúколотку/по колéно в грязú	to be ankle deep / knee deep in mud.
бородá по пóяс	a beard down to the waist
Он влюблён / Она влюбленá пó уши.	He / She is head over heels in love.
Я сыт / Я сытá по гóрло.	I'm full. / I can't eat any more. / I've had more than enough. or I can't take it any more / I've had it.

Запомните!

до сих пор   *up to here, this far*
                                    (while pointing to a part of the body)

Рукава́ до сих пор   *Sleeves up to here.*

Exercise 34. Form questions according to the model.

Образец: Вы хотите поехать на стадион им. Ленина.
           —*Вы не скажете, как доехать до стадиона им. Ленина?*

1. Вы хотите пойти в магазин ГУМ.
2. Вы хотите поехать на улицу Чехова.
3. Вы хотите поехать в библиотеку Салтыко́ва-Щедрина́.
4. Вы хотите поехать в Третьяковскую галерею.
5. Вы хотите поехать на площадь Свердло́ва.
6. Вы хотите пойти в Детский мир.
7. Вы хотите поехать на Площадь Ногина́.
8. Вы хотите поехать на Ярославский вокзал.
9. Вы хотите поехать на Арбатскую площадь.
10. Вы хотите пойти в Малый театр.
11. Вы хотите поехать на Дворцо́вый мост.
12. Вы хотите пойти на Дворцовую площадь.
13. Вы хотите поехать в американское посольство.
14. Вы хотите пойти в ближайшую аптеку.
15. Вы хотите поехать в Новоде́вичий монасты́рь.
16. Вы хотите поехать в гостиницу «Международная».

Exercise 35. Give Russian equivalents and possible variants.

1. How many miles is it from New York to Boston?
2. How many miles do you live from town?
3. They live only a few blocks away from us.
4. How long does it take to get to the university from here?
5. How far is it to Philadelphia?
6. We drove from New York to Boston in 6 hours.
7. How long does it take for letters to get from the USSR to the USA?
8. I want to send a telegram from New York to Moscow. How long will it take to get there?

9. I want to place a call from Leningrad to London.
10. She left Moscow for the Urals.
11. My parents moved recently from New York to Washington.
12. The bus stop is only a couple of steps away from our apartment building.
13. How far is the market from here?
14. The Soviet delegation went from Cuba to New York and from New York to Moscow.
15. It was already late when they arrived.
16. We got there with some adventures along the way.
17. Have they already got here? How was their trip?
18. Will you get home by yourself, or do you want me to accompany you?
19. As we were getting close to the city, I had a blowout.
20. How long will it take us to get there?
21. It takes only 45 minutes for planes to fly from Moscow to Leningrad.
22. You can reach Helsinki from here in 5 hours.
23. It will take you 8 hours to get to Vladivostok, if you fly.
24. It rained very hard, but we got here safely, anyhow, without any trouble.
25. "When did she get home last night?" "At 2 in the morning."
26. "I'm going as far as Omsk. How far are you going?" "Tomsk."
27. Your letter got here in just two days.
28. This street car goes as far as the Kiev railway station.
29. It takes two to three weeks for a letter to get to the USSR.
30. It took us two days to drive from New York to Chicago.

§10. Prepositions Indicating Modes of Transportation

10.1. HA+*PREP* of a noun denoting a vehicle or animal indicates the means of transportation, in answer to the question *как?*

Они прилетéли на самолёте (на Аэрофлóте).	*They came by plane (by Aeroflot).*
Мóжно ли éхать тудá на пóезде?	*Can one get there by train?*
В Áфрике и Áзии лю́ди éздят на верблю́дах, на слонáх и на олéнях.	*In Africa and Asia people ride camels, elephants, and reindeer.*

Запóмните!

—Как лýчше добрáться до университéта?   "What's the best way of getting to the university?"
—Поезжáй на метрó.   "Take the subway."

10.1.1. Only *пóезд, автóбус, трамвáй,* and *самолёт* in the *INSTR* without a preposition are synonymous and interchangeable with HA+*PREP* of the same nouns.

—Как вы приéхали?	*"How did you get here?"*
—На пóезде / пóездом.	*"By train."*
—На самолёте / самолётом.	*"By plane."*
—На автóбусе / автóбусом.	*"By bus."*
—На трамвáе / трамвáем.	*"By trolley car."*

but only:

—На машúне.	*"By car."*
—На метрó.	*"By subway."*
—На таксú.	*"By cab."*

Запóмните!

ходúть — идтú пешкóм	*to walk / to go on foot*
éздить верхóм	*to go horseback riding*
éхать\поéхать верхóм	*to go by horse*
катáться\покатáться на машúне	*to go (pleasure) riding (in a car)*
катáться\покатáться на лóдке	*to go boating*
катáться\покатáться на лы́жах / на конькáх	*to ski / to skate*

> NOTE:
>
> **брать\взять маши́ну / такси́**
> *to take a car | a cab*
> (only these two complements are used with **брать**)

10.2. B+*PREP* indicates the vehicle in which someone is riding.

Когда́ А́нна е́дет в по́езде, она́ всегда́ чита́ет.	*When riding in a train, Anna always reads.*
Кто э́то е́дет в маши́не?	*Who's that riding in the car?*
Когда́ я лечу́ в самолёте, я люблю́ смотре́ть в окно́.	*Whenever I fly, I like to look out the window.*

10.3. Prepositions indicating the vehicle boarded, the vehicle in which someone is located, and the vehicle from which someone exits.

(a) <u>the vehicle boarded:</u>

   (1) *Сади́ться\сесть* expresses the boarding of all vehicles. The vehicle is indicated interchangeably by either B or HA+*ACC*. Exceptions are *маши́на, такси́,* and *ло́дка* (a small open boat), which combine only with B+*ACC*, and large ships and open vehicles (eg. bicycles, motorcycles), which combine only with HA+*ACC*.

сади́ться\сесть *(куда́?)*

в / на авто́бус	в / на по́езд
в / на метро́	в / на самолёт
в / на трамва́й	в / на тролле́йбус

but only:

в ло́дку	на кора́бль	на велосипе́д
в такси́	на парохо́д	на мотоци́кл
в маши́ну	на теплохо́д	на моторо́ллер
на ка́тер	на мопе́д	

   (2) *Входи́ть\войти́*+B+*ACC* expresses the boarding only of nouns denoting a closed land vehicle, as well as the nouns *самолёт* and *ло́дка.*

ВХОДИ́ТЬ\ВОЙТИ́ *(куда́?)*

в авто́бус	в тролле́йбус
в по́езд	в самолёт
в метро́	в ло́дку
в трамва́й	в маши́ну
в такси́	

> *Запомните!*
>
> влезáть\влезть в машúну / в таксú / в лóдку   *to climb into a car / a cab / a boat*
>
> \вскочúть на лóшадь / на ослá   *to climb on (to mount) / a horse / an ass*

(b) <u>the vehicle in which someone is located</u>:

Сидéть expresses location in a vehicle. The vehicle is indicated by B+*PREP*, but nouns denoting large ships and open vehicles combine only with HA+*PREP*.

сидéть *(где?)*

в автóбусе	в самолёте
в метрó	в троллéйбусе
в пóезде	в лóдке
в трамвáе	в машúне

but only:

на кораблé	на велосипéде
на парохóде	на мотоцúкле
	на кáтере

c) <u>the vehicle from which someone exits</u>:

(1) *Выходúть\вы́йти*+ИЗ+*GEN* expresses exiting, but only from vehicles which in the opposite meaning are expressed with *входúть\войтú*+B+*ACC* (see (a) above):

выходúть\вы́йти *(откуда?)*

из трамвáя	из самолёта
из метрó	из лóдки
из машúны	из таксú
из автóбуса	из пóезда

> *Запомните!*
>
> вылезáть\вы́лезть из машúны / из таксú / из лóдки
> *to climb out of a car / a taxi / a boat*

(2) **Сходи́ть\сойти́+С+GEN** expresses disembarking from large ships. **Сойти́+С+GEN**, in the perfective only, may also indicate exiting from the vehicles *авто́бус, трамва́й, по́езд* and *тролле́йбус*.

СХОДИ́ТЬ\СОЙТИ́   СОЙТИ́ (only)

с корабля́   с авто́буса
с теплохо́да   с по́езда
с парохо́да   с трамва́я
с ка́тера   с тролле́йбуса

слеза́ть \ { спры́гнуть / слезть / соскочи́ть } с велосипе́да / с мотоци́кла / с верблю́да / с осла́
to get off a bicycle | a motorcycle | a camel | an ass

Запо́мните!

Где нам выходи́ть?   Where should we get off?

Мне сейча́с выходи́ть.   It's my stop, I have to get off.

Выходи́те на сле́дующей остано́вке.   Get off at the next stop.

Вам выходи́ть через одну́ (остано́вку). You should get off at the stop after the next one.

Мы вы́шли не на той остано́вке.   We got off at the wrong stop.

Выходи́те побыстре́е, пожа́луйста.   Hurry up and get off, please.

Входи́те побыстре́е, пожа́луйста.   Hurry up and get on (in), please.

Exercise 36. Give Russian equivalents of the words in parentheses.

1. Когда я еду куда-нибудь (in a train), я всегда читаю.
2. Моя машина испорчена. (Let's take yours)!
3. Мы обедали (on the plane).
4. К остановке подошли автобус и троллейбус. Мы решили (take the) автобус.
5. Мы (got into) лодку и переправились через реку.

6. Если я выхожу и́з дому поздно, я (take a cab) и еду на работу.
7. Когда я (came out of) метро, я подошел к киоску и купил свежую газету.
8. Последний пассажир (boarded) самолет и дверь захлопнулась.
9. Они едут в Киев (by train), а мы едем (by bus).
10. Смотри, не вы́йди (at the wrong stop)!
11. Они не знают, (where they are supposed to get off).
12. Когда я (fly in planes), меня всегда тошнит.
13. Давайте (go for a boat ride).
14. Кто это сидел рядом с тобой (in the streetcar)?
15. Она (got into her car) и уехала.
16. Дверца не открывалась, и я не смог (get out of my car).
17. Хотите (go for a ride in my new car)?
18. Это такая низкая машина. Трудно (get into it).
19. Мы не смогли (get off the streetcar) и проехали свою остановку.
20. Ковбой (mounted his horse) и (rode off) за бандитами.
21. Утром я (get on my bike) и еду прямо в университет.
22. Мать сказала сыну, чтобы он (get off the bicycle).
23. Мы (got off the train/got off the plane) и начали искать своего гида.
24. Он не знает, (if he should get off at this stop or at the next).

Exercise 37. Give Russian equivalents.

1. What stop are you getting off at?
2. Hurry up and get off!
3. The stewardess on our plane spoke Russian, French, German, and Finnish.
4. I never go anywhere by ship, because I always get sick on ships.
5. We didn't sleep at all on the train.
6. Do you bike a lot?
7. She got on her motorcycle and drove off.
8. Are you taking the train or plane to the Far East?
9. This is my stop, I have to get off right now.
10. Have you ever flown in a plane?
11. We got off at the wrong stop again.
12. Have you ever ridden a horse?
13. "Get off that bicycle!" she shouted at her son.

14. We can take my car or take a taxi. I don't care.
15. When I got on the bus I realized that I didn't have any change. I got off at the next stop and went back home for some money.
16. A little old lady sat next to me on the plane and talked about her daughter the whole way.
17. Passengers on busses and streetcars would always ask me if I was getting off at the next stop.
18. I never drink when I fly on planes.
19. After I got on the plane, I began to feel ill.
20. I usually take the bus to work, but sometimes I take a taxi.
21. Would you please hurry up and get on the bus!?!!
22. Let's take the next bus!
23. We can always take the train there.
24. They arrived by plane, but they left by train.
25. "How did you get here, by cab or in your own car?" "I came in my own car."

SECTION III

EXPRESSING TEMPORAL RELATIONSHIPS
ВЫРАЖЕНИЕ ВРЕМЕННЫХ ОТНОШЕНИЙ

§1. Time by the Clock.

Both the 12-hour and the 24-hour clock are used in telling time. The 12-hour clock is commonly used in everyday conversation; the 24-hour clock is aways used for telling time officially, but is also used in the spoken language.

1.1. Time by the 12-hour Clock.

1.1.1. *What time is it? What time do you have? vs. At what time?*

Сколько времени?[1]	*What time is it?*
Который (сейчас) час?	*What time do you have?*
Сколько на твоих /на ваших (часах)?	

Когда?	*At what time?*
Во сколько?	*When?*
В котором часу?	

> **NOTE:**
> *Час* is stem stressed throughout the *sg.*, with a shift of the stress to the ending throughout the plural. The stress shifts to the ending in the *GEN sg.* only after the numerals 2, 3, 4 (and numerals with 2, 3, 4 as their final element) and in the *PREP* form *часу́*.

---

[1]The frequently heard expression «Сколько время?» is considered incorrect and substandard Russian.

1.1.2. AM *vs.* PM.

AM and PM are expressed by the *GEN* of *у́тро, день, ве́чер* and *ночь*, each of which refers to a time segment that is somewhat flexible in its length.

но́чи — from midnight to 4:00–5:00 AM (when people are usually asleep)
утра́ — (note the shift in stress) from 4:00–5:00 AM to midday
дня — from noon to about 4:00–5:00 PM
ве́чера — from about 4:00–5:00 PM to 11:00 PM–midnight

AM	PM
12 часо́в но́чи; по́лночь	12 часо́в дня; по́лдень
час но́чи	час дня
2 часа́ но́чи	2 часа́ дня
5 часо́в утра́	5 часо́в ве́чера / дня
11 часо́в утра́	11 часо́в ве́чера / но́чи

Запомните!

Во второ́й полови́не дня.	*In the latter part of the day.*
Я позвоню́ во второ́й полови́не дня.	*I'll call in the afternoon or evening.*

1.1.3. Time on the full hour.

(a) In answer to the question *Ско́лько вре́мени? / Ско́лько бы́ло вре́мени?*, time on the full hour is expressed by the *NOM* of a cardinal numeral+*час* in the appropriate case. *One o'clock* is ex-pressed by *час* alone without a qualifier.

—Сейча́с час.	*"It's now 1:00."*
—Сейча́с 2 часа́	*"It's now 2:00."*
—Сейча́с 5 часо́в	*"It's now 5:00."*

—Был час.	*"It was one o'clock."*
—Бы́ло два часа́.	*"It was two o'clock."*
—Бы́ло пять часо́в	*"It was five o'clock."*

(b) In answer to *Когда́? / Во ско́лько? / В кото́ром часу́?*, time on the full hour is expressed by В+*ACC* of the cardinal numeral+*час* in the appropriate case.

—*Во ско́лько (Когда́) они прие́хали?*

—В 7 часо́в (утра́ / ве́чера)	—В семь утра́/ве́чера.[1]
—В час (дня / но́чи).	—В 4 часа́ (дня / но́чи)
—В 2 часа́ (дня / но́чи)	(—В по́лдень; в по́лночь)

---

[1]The form часа́ (часо́в) may be omitted before утра́ or ве́чера, but not before дня or но́чи.

1.1.4. Time in the first half-hour.

The minutes from 1–29 past the full hour are expressed by a cardinal numeral+*минýта* in its appropriate case + *GEN* of an ordinal numeral (*masc.* to agree with an unexpressed *чáса*) indicating the 60 minute period in its sequential order after the full hour. Thus, the first hour follows 12:00, the second hour follows 1:00, the third hour follows 2:00, etc. Quarter past the full hour is expressed either by *чéтверть* (*fem.*) or *пятнáдцать минут.*

1.1.4.1. The answer to *Скóлько врéмени?* is in the *NOM*. The answer to *Когдá? / Во скóлько?*, is in the *ACC* with no preposition.[1] The difference between the *NOM* and the *ACC* is evident only when the time is 1 or 21 minutes past the hour.

	—Скóлько врéмени?	—Во скóлько он пришёл?
12.01	—Однá минýта пéрвого.	—Однý минýту пéрвого.
12.21	—Двáдцать однá минýта пéрвого	—Двáдцать однý минýту пéрвого.
5.22		—Двáдцать двe минýты шестóго.
4.15		—Чéтверть / —Пятнáдцать минýт пéрвого.
3.20		—Двáдцать минýт четвёртого.

1.1.5. Time on the half-hour.

(a) The answer to *Скóлько врéмени?* is *половúна* (*NOM*) + the *GEN* of the ordinal numeral indicating the sequential order of the hour. The answer may also be *полпéрвого* (12.30), *полвторóго* (1.30) *пол-трéтьего* (2.30), etc.

Сейчáс половúна вторóго.⎫
Сейчáс полвторóго.   ⎬ *It's now 1:30*

(b) The answer to *Во скóлько?* is *в половúне* (В+*PREP*) + *GEN* of the ordinal numeral denoting the sequential order of the hour.[2] The answer may also be *полпéрвого, полвторóго*, etc.[3]

Мы приéхали в половúне вторóго.
Мы приéхали полвторóго.

---

[1]Many speakers of Russian, however, also use В+*ACC* in this context. See note on p. *iv.*

[2] In *rapid speech,* **в половúне** is often pronounced as *в половúна* or *половúна,* i.e. with or without the preposition and as though the noun were in the *NOM.*

[3]or *в полпéрвого, полвторóго*, etc.

1.1.6. Time in the second half-hour.

The answer to both *Ско́лько вре́мени?* and *Во ско́лько?* is the cardinal numeral indicating the following hour, preceeded by БЕЗ +*GEN* of the numeral indicating the number of minutes before the full hour. *Мину́та*, in its appropriate form, is obligatory after numerals ending in 1, 2, 3, and 4.

—Ско́лько на твои́х?   —Во ско́лько он пришёл?

12.55 —Без пяти́ час.
 1.45 —Без че́тверти / Без пятна́дцати два.
 3.57 —Без трёх мину́т четы́ре.
 4.59 —Без одно́й мину́ты пять.
 2.38 —Без двадцати́ двух мину́т час.

NOTE:

35 minutes past the hour has alternate forms:

2.35 =   без двадцати́ пяти́ три
               три́дцать пять мину́т тре́тьего.

Exercise 1.

(a) Скажи́те, когда́ Вы сего́дня просну́лись!

at 7:30 AM   at 3:00 AM
at 9:30 AM   at 8:30 AM
at 7:15 AM   at 5:30 AM
at 11:30 AM   at noon
at 7:45 AM   at 4:15 AM

(b) Спроси́те своего́ сосе́да (свою́ сосе́дку), когда́ он (она́) сего́дня просну́лся (просну́лась).

Exercise 2. Complete the following sentences.

Образец: Он сегодня проснулся в шесть часов, *но встал*
только полседьмого.

1. Она сегодня проснулась в 7 часов, но ...
2. Она сегодня проснулась в 8 часов, но ...
3. Дети сегодня проснулись в 9 часов, но ...
4. Брат сегодня проснулся в 11 часов, но ...
5. Сестра сегодня проснулась в полдень, но ...

Exercise 3.

(a) Скажите, когда вы вчера легли спать!

at 9:30 PM	at 12:00 AM
at 12:30 AM	at 2:00 AM
at 10:00 PM	at 11:30 PM
at 6:30 PM	at 8:00 PM

(b) Спросите свего соседа (свою соседку), когда он (она) обычно ложится спать (встаёт, выходит из дому).

Exercise 4. Finish the sentence with each of the given times.

По моим часам сейчас ...

1.05	2.17	3.50	11.13
12.15	8.15	9.28	1.45
3.50	11.13	4.20	6.35
11:50	7.35	5.10	10.07

Exercise 5. Read the following sentences out loud. Note how written and spoken conventions differ.

Образец: Они пришли в 1^{05}.
—Они пришли пять минут второго.

Они пришли в 2^{10}.
Они пришли в 3^{15}.
Они пришли в 1^{30}.
Они пришли в 4^{40}.
Они пришли в 4^{20}.
Они пришли в 6^{40}.
Они пришли в 11^{55}.
Они пришли в 7^{45}.
Они пришли в 11^{59}.

Exercise 6. Finish the following sentences. Add any necessary
          prepositions.

1. Утренние занятия начинаются	(9:20)
2. Он пришёл на занятия	(8:50)
3. Мы кончили заниматься	(11:55)
4. Его поезд приходит	(10:22)
5. Я зайду за тобой	(2:30)
6. Они пришли с работы	(6:15)
7. Собрание кончилось	(1 AM)
8. Занятия кончаются	(4:24)
9. Магазин закрывается	(5:45)
10. Я кончаю работать	(6:30)

Exercise 7. Answer the questions *Скóлько сейчас врéмени?* and *Во
          скóлько ты придёшь?* with the times given below. The
          italicized times have alternate forms. Give both forms.

—Сколько сейчас времени?   —Во сколько ты придёшь?

11:40	*4:15*
12:45	8.20
3:20	2:10
7:15	*12:35*
1:00 PM	12:00 AM
1:00 AM	noon

1.1.7. Approximate time by the clock.

(a) In answer to both *Ско́лько вре́мени?* and *Во ско́лько?,* approximate time on the full hour and in the first half-hour is expressed by ОКОЛО+*GEN*. In answer to *Во ско́лько?* only, approximate time on the full hour is also expressed by putting *часо́в / часа́* before the preposition-numeral combination. *"Around 1:00"* is only *о́коло ча́са / около ча́су*[1] (Note stress!).

—Во ско́лько она́ пришла́?

—Около ча́са / ча́су.	*"About 1:00."*
—Около двух часо́в. / —Часа́ в два	*"About 2:00."*
—Около че́тверти пя́того.	*"About 4:15."*
—Около полови́ны шесто́го.	*"Around 5:30."*
—Около пяти́ часо́в /—Часо́в в пять.	*"Around 5:00."*

(b) Approximate time in the second half-hour is expressed by the adverb *приблизи́тельно* qualifying the time.

—Ско́лько сейча́с вре́мени?
—Во ско́лько они́ прие́хали?

—Приблизи́тельно без че́тверти час.	*"Around 12:45."*
—Приблизи́тельно без двадцати́ два.	*"Around 1:40."*

═══════════════

Exercise 8.   Answer the question according to the model.

Образец: —Во сколько они придут? (*around 3:00*)
              —Они придут около трёх часов.

around 7:00	*around 8:00*	*around 1:00*
around 6:30	*around 11:00*	*around 5:30*
around 3:15	*around 4:00*	*around 12:00*

---

[1] час also has the unstressed *GEN* endings *-a* or *-y* after prepositions which take the *GEN*: до ча́са (ча́су), с ча́са (ча́су) до двух etc.

Exercise 9. Answer the question with the times given.

—Когда они приехали?

around 4:45	around 8:20
around 8:40	around 2:10
around 5:05	around 3:30
around 7:45	around 5:20

Exercise 10. Change the sentence according to the model, using the times given.

Образец: —Они ушли в пять часов.
　　　　　 —*Они ушли часов в пять.*

в два часа	в шесть часов
в восемь часов	в десять часов
в три часа	в одиннадцать часов
в семь часов	в девять часов

═══════════

1.1.8. Non-specific time after the full hour.

A non-specific time after the full hour may refer to any time within the hour, but usually refers to a time within the first half-hour.

(a) ПОСЛЕ+*GEN* of a cardinal numeral, answers *Во ско́лько?* and *Когда́?*

Он встал после двух.	He got up after 2 o'clock.
Он пришёл домо́й по́сле ча́су / пяти́. (Когда́ он пришёл домо́й?)	He got home after one / after five.

(b) In answer to *Ско́лько (сейча́с) вре́мени?*, non-specific time may be expressed by *час* (*NOM*) qualified by an ordinal numeral indicating the sequential order of the hour.

Уже́ пе́рвый час. (Ско́лько вре́мени?)	It's already after 12:00. / It's already going on 1:00.

In answer to *Во скóлько? / Когдá?*, **час**, qualified by an ordinal numeral, combines with B+*PREP*.

Ужин пóдали в одйннадцатом часý. (Когдá пóдали ýжин?)

It was after 10:00. / It was going on 11:00 when dinner was served.

═══════════

Exercise 11. Change the sentence according to the model.

Образец: —Уже два часа?
—*Нет, уже третий час.*

Сейчас 10 часов.
4 часа.   6 часов.   3 часа.
7 часов.   8 часов.   9 часов.
5 часов.   12 часов.   11 часов.

Exercise 12. Change the sentence according to the model.

Образец: —Они ушли после двух.
—*Они ушли в третьем часý.*

—Они ушли после чáса.
после семи.   после одиннадцати.
после девяти.   после четырёх.
после восьми.   после двенадцати.
после пяти.   после трёх.
после шести.   после десяти.

Exerccise 13. Change the sentence according to the model.

Образец: Он пришёл в шестом часý.
Он пришёл в начале шестого.

Он пришел в четвёртом часý.   в восьмом часý
в первом часý.   в третьем часý.
в двенадцатом часý.   в одиннадцатом часý.
во втором часý.   в десятом часý.
в седьмом часý.   в девятом часý.

═══════════

1.1.9. Other Prepositions Combining with Time by the Clock

Prepositions other than В or ПОСЛЕ combining with a time by the clock refer to the full hour or to the half hour.

ДО+GEN (see §7.1)	до четырёх (часов)	*until / before 4:00*
К+DAT (see §7.5)	к четырём (часам) к полседьмо́му	*by 4:00* *by 6:30*
ПОСЛЕ + GEN (see §7.6)	по́сле двух (часов)	*after 2:00*
МЕЖДУ + INSTR	ме́жду пятью и шестью (часа́ми)	*between 5:00 and 6:00*
С+GEN (see §7.9)	с трёх (часов)	*from 3:00 on*
С+GEN + ДО+GEN (see §3.2)	с ча́су/ча́са до двух (часо́в)	*from 1:00 to 2:00*

NOTE:

Only ДО combines with БЕЗ + the time in the second half-hour.

Спекта́кль продолжа́ется до без че́тверти оди́ннадцать.	*The show lasts until 10:45.*
Мы жда́ли с че́тверти второ́го до без че́тверти два два.	*We waited from 1:15 to 1:45.*

Запомните!

До кото́рого ча́са? / До како́го вре́мени?	*Until what time?*
До кото́рого ча́са / До како́го вре́мени рабо́тает магази́н?[1]	*How long / How late is* *the store open?*

[1]The frequently heard expressions «До ско́льких/До ско́лькй
(работает магазин)?» are incorrect and substandard.

Exercise 14. Answer the questions according to the model.

Образец: —Когда вы придёте, после четырёх?
—*Да, я приду между четырьмя и пятью (часами).*

1. —Когда вы придёте, после часа?
2. —Когда вы придёте, после трёх?
3. —Когда вы придёте, после шести?
4. —Когда вы придёте, после десяти?
5. —Когда вы придёте, после восьми?
6. —Когда вы придёте, после одиннадцати?
7. —Когда вы придёте, после семи?
8. —Когда вы придёте, после девяти?
9. —Когда вы придёте, после двух?
10. —Когда вы придёте, после пяти?

Exercise 15. Form questions and answer them according to the model.

Образец: Магазин открывается в восемь, а закрывается в шесть часов.
—Когда работает магазин?
— *Магазин работает с восьми до шести (часов).*

1. Магазин открывается в семь, а закрывается в пять часов.
2. Магазин открывается в девять, а закрывается в четыре часа.
3. Магазин открывается в восемь, а закрывается в три часа.
4. Магазин открывается в двенадцать, а закрывается в десять часов.
5. Магазин открывается в час, а закрывается в семь часов.

Exercise 16. Answer the questions according to the model.

Образец: —Они ушли в третьем часу?
—*Нет, они были здесь только до двух часов.*

1. —Они ушли в восьмом часу?
2. —Они ушли в пятом часу?
3. —Они ушли в седьмом часу?
4. —Они ушли в первом часу?
5. —Они ушли в девятом часу?

6 —Они ушли в четвёртом часу́?

7. —Борис ушёл во втором часу́?

Exercise 17. Form questions and answer them according to the model.

Образец: —Я ухожу в два часа.
—До которого часа / До какого времени вы будете здесь?
—Я буду здесь до двух часов.

—Я ухожу в 6 часов.

в 3 часа.	в 7 часов.
в 8 часов.	в 4 часа.
в 12 часов.	полдевятого.
в 11 часов.	в час.
без четверти час.	четверть второго.

Exercise 18. Change the sentences according to the model.

Образец: —Я уезжаю в два часа.
             —Ваша работа мне нужна к двум часам.

1. —Я уезжаю в час.
2. —Я уезжаю в 5 часов.
3. —Я уезжаю в половине третьего.
4. —Я уезжаю в 7 часов.
5. —Я уезжаю полседьмого.
6. —Я уезжаю в 4 часа.
7. —Я уезжаю в 11 часов.
8. —Я уезжаю в 9 часов.
9. —Я уезжаю полпервого.
10. —Я уезжаю в 12 часов.
11. —Я уезжаю в 8 часов.

1.2. Time by the 24-hour clock

The distinction between antemeridian (*a.m.*) and postmeridian (*p.m.*) time is expressed by the 24-hour clock. Time by the 24-hour clock is used in official announcements (departures and arrivals of public transportation, movie, theater, radio, and television schedules, store hours). It is also used in conversation, but in an abbreviated form. The hour is expressed by a cardinal numeral from 1–24. The minutes are expressed by a cardinal numeral from 1–60. Time by the 24-hour clock most frequently answers to *Сколько времени? / Который час? / Во сколько? / Когда?* The answer to the latter is В + *ACC* of the numerals.

Который час? (formal style)		*Сколько сейчас времени?* (abbreviated style)
двадцать четыре часа ноль-ноль часов ноль часов	12:00 AM	двадцать четыре ноль-ноль
ноль часов пятнадцать минут	12:15 AM	ноль пятнадцать
ноль часов сорок минут	12:40 AM	ноль сорок
пять часов пять минут	5:05 AM	пять пять
восемь часов пятьдесят минут	8:50 AM	восемь пятьдесят
двенадцать часов	12:00 PM	двенадцать
тринадцать часов	1:00 PM	тринадцать
шестнадцать часов две минуты	4:02 PM	шестнадцать две

—Когда прибудет поезд?
—В шестнадцать часов две минуты. /
—В шестнадцать две.

"When does the train get in?"
"At 16:02."

—Во сколько начинается следующий сеанс?
—В тринадцать часов одну минуту. /
—В тринадцать одну.

"What time is the next show?"
"At 13:01."

Exercise 19. Change the following times from the 24- to the 12-hour clock.

15.00	17.30	14.00
20.00	24.00	1.00
0.15	13.00	18.21
16.00	12.00	21.00

Exercise 20. Read the following sentences aloud using both the formal and the abbreviated official styles for the times.

1. Поезд прибудет в 14^{07}.

2. Поезд отправляется в 00^{8}.

3. Концерт будет передаваться по радио в 15^{15}.

4 Мы купили билет на сеанс в 20^{40}.

5. Метро в Москве начинает работать в 6^{00}, а кончает работать в 0^{30}.

Exercise 21. Give full sentence answers to the following question using the abbreviated style by the 24-hour clock.

—Когда прибудет его поезд?

13.14	15.42
0.07	3.35
10.40	22.22
19.24	17.56
0.52	18.52

Exercise 22. Give Russian equivalents.

1. What time is it?
2. "What time does the show start?" "At 6:15."
3. The meeting lasted until 2:00 a.m.
4. I usually finish work at 7:30 sharp.
5. I'll stop by for you about 3 o'clock.
6. I'll return these books by 2:30.
7. Someone woke me up at one in the morning.
8. Classes begin promptly at 8:00 and continue to 4:00.
9. I got up at 8:15 today.

10. Every evening promptly at 6:30 I turn on the TV and watch the latest news.
11. "What time do you usually eat breakfast?" "At 8:30."
12. Professor Durakov starts his lectures promptly at 9:00 a.m.
13. The movie starts at 3:45. Can you get here by then?
14. I'll pick you up at 2:15.
15. We bought tickets for the 7:20 show (use the 24-hour clock).
16. They'll be here until quarter to three.
17. She left around 5 o'clock.
18. Let's go. It's already after 10.
19. I'll be home between 3 and 4 o'clock.
20. This store is closed for lunch from 2 to 3 o'clock. (use the 24-hour clock)

§2. Time by the Calendar

Calendar time is expressed by the names of the days of the week, the month names, or a date. Dates are expressed by ordinal numerals.

2.1. *Какое (было/будет) число?* asks for the day of the month. The answer, which is in the *NOM* neuter (agreeing with the omitted noun *число*), may be qualified by the month name and the year in the *GEN*.

What is (was/will be) the date?

—Какое сегодня число?   —Какое вчера было число?
—Сегодня первое мая.   —Вчера было тридцатое апреля.

—Какое будет завтра число?
—Завтра будет второе мая.

Сегодня пятнадцатое марта тысяча девятьсот девяностого года.

Запомните! 1. The numeral ТЫСЯЧА is often pronounced «*тыща*».				
2.	50–ый	=	пятидесятый
	60–ый	=	шестидесятый
	70–ый	=	семидесятый
	80–ый	=	восьмидесятый
	90–ый	=	девяностый
	40–ой	=	сороковой
	900–ый	=	девятисотый
	800–ый	=	восьмисотый
	400–ый	=	четырёхсотый

2.2. *Какого числа?* (*GEN* of the date) asks for the specific day of the month on which something takes place. The day of the month is in the *GEN* of the ordinal numeral without a preposition and may be qualified by the month name and the year in the *GEN*. The specific day of the month may also be included in answer to *Когда?* (see §2.4 below).

Какого числа (Когда) он родился?	*What was the date of his birth? When was he born?*
Какого числа (Когда)начинается зимний семестр?	*On what date / When does the winter (= fall) semester) begin?*
Он родился десятого января тысяча девятьсот тридцать первого года.	*He was born on January 10, 1931.*
Занятия начинаются десятого сентября.	*Classes begin on September 10.*

2.3. *В какóм мéсяце?, В какóм годý?, В какóм вéке?* (B+*PREP*) ask for the specific month, year, or century in which something takes place. The answer is expressed by B+*PREP*. The month name may be qualified by the year in the *GEN*.

В какóм мéсяце он родѝлся?	*What month was he born (in)?*
В какóм годý она родилáсь?	*What year was she born?*
В какóм вéке возникла Москвá?	*In what century did Moscow originate?*
Он родѝлся в апрéле.	*He was born in April.*
Войнá началáсь в сентябрé тысяча девятьсóт трѝдцать девятого гóда (в сентябрé трѝдцать девятого гóда).	*The war started in September, 1939 (in September of '39).*
Он родѝлся в тысяча девятисóтом годý.	*He was born in 1900.*
Москвá возникла в двенáдцатом вéке.	*Moscow originated in the 12th century.*

> NOTE:
> 1. Month names are not capitalized in spelling.
> 2. The month names (*сентябрь* to *феврáль*) are stressed on the endings; the others (*март* to *áвгуст*) are stressed on the stem.
> 3. All month names are *masc.* and have the *PREP sg.* ending *-e*

Запóмните!

Какóй год? Какóй век?		**Когдá? В какóм годý?**
Тысяча сто пéрвый год.	1101	В тысяча сто пéрвом годý.
Тысяча девятьсóт вторóй год.	1902	В тысяча девятьсóт втором годý.
Тысяча восемьсóт трéтий год.	1803	В тысяча восемьсóт трéтьем годý.
Тысяча семьсóт четвёртый год.	1704	В тысяча семьсóт четвёртом годý.
Тысяча шестьсóт пятый год.	1605	В тысяча шестьсóт пятом годý.
Две тысячи пéрвый год.	2001	В две тысячи пéрвом годý.
Двухтысячный год.	2000	В двухтысячном годý.
Двадцáтый век.	XX в.	В двадцáтом вéке.

As in English, only the last element of a Russian compound ordinal numeral is an adjective, and this is the only part of such numerals which is declined.

2.4. *В какой день (недели)* asks for the day of the week on which something takes place. The answer is expressed by B+*ACC* of the name of the day which may be qualified by the day of the month or by the day of the month and the month name in the *GEN*.

—В какой день (недели) они приедут? —В среду.	*"On what day are they going to arrive?"* *"On Wednesday."*
Она приедет в субботу десятого мая.	*She'll arrive on Saturday, the 10th of May / May 10.*
Её дочка родилась в пятницу тринадцатого февраля тысяча девятьсот восемьдесят седьмого года.	*Her little girl has born on Friday, February 13, 1987.*

> NOTE:
>
>   1. The names of the days of the week are not capitalized in spelling.
>
>   2. *Среда* has shifting stress in the *ACC sg.* (*в среду*) and shifting stress in the *pl.*: *среды* (*NOM/ACC*), *по средам*.[1]
>
>   3. *Четверг* is stressed on the ending in all cases *sg.* and *pl.*: *до четверга, к четвергу, по четвергам*.
>
>   4. The past tense of *быть* agrees with the gender of the day of the week used in the *NOM*:
>   Вчера был понедельник.
>   Вчера была суббота.
>   Вчера было воскресенье.

2.5. In the context of calendar time, the answer to *Когда?* may be any combination of dates.

   —Когда родилась их дочка?
      —В пятницу.
      —В феврале.
      —В тысяча девятьсот восемьдесят седьмом году.
      —В пятницу, тринадцатого февраля.
      —В пятницу, тринадцатого февраля тысяча девятьсот восемьдесят седьмого года.

---

[1]both stresses possible.

Exercise 23.   Compose sentences according to the model.

Образец: Вчера было 14-ое января.
Они уехали 14-ого января.

1. Вчера было 2-ое января.
2. Вчера было 3-ье февраля.
3. Вчера было 4-ое марта.
4. Вчера было 5-ое апреля.
5. Вчера было 6-ое мая.
6. Вчера было 7-ое июня.
7. Вчера было 8-ое июля.
8. Вчера было 9-ое августа.
9. Вчера было 10-ое сентября.
10. Вчера было 11-ое октября.
11. Вчера было 12-ое ноября.
12. Вчера было 13-ое декабря.

Exercise 24.   Form sentences according to the model.

Образец: Сегодня понедельник.
Вчера было воскресенье.

1. Сегодня вторник.
2. Сегодня среда.
3. Сегодня четверг.
4. Сегодня суббота.
5. Сегодня понедельник.
6. Сегодня пятница.
7. Сегодня воскресенье.

Exercise 25.   Form sentences according to the model.

Образец: —Когда они уезжают, во вторник?
—*Нет, в среду.*

1. —Когда они уезжают, в четверг?
2. —Когда они уезжают, в субботу?
3. —Когда они уезжают, в понедельник?
4. —Когда они уезжают, в среду?
5. —Когда они уезжают, в пятницу?
6. —Когда они уезжают, в воскресенье?
7. —Когда они уезжают, во вторник?

Exercise 26.   Form sentences according to the model.

Образец: Завтра будет 25-ое.
            Они уезжают в пятницу, двадцать пятого.

1. Завтра будет 1-ое.   5. Завтра будет 12-ое.
2. Завтра будет 3-ье.   6. Завтра будет 13-ое.
3. Завтра будет 5-ое.   7. Завтра будет 30-ое.
4. Завтра будет 9-ое.   8. Завтра будет 23-ье.

Exercise 27. Answer the questions.

1. В каком месяце вы приехали сюда? (апрель)
2. В каком месяце вы родились? (сентябрь)
3. В каком месяце кончаются занятия? (июнь)
4. В каком месяце празднуют Октябрьскую революцию? (ноябрь)
5. В каком месяце произошла русская революция? (октябрь)
6. В каком месяце празднуют Международный день женщин?
7. В каком месяце в США празднуют День независимости?
8. В каком месяце в СССР отмечают День победы?
9. В каком месяце родился Джордж Вашингтон?
10. В каком месяце Колумб открыл Америку?
11. В каком месяце празднуют Рождество?
12. В каком месяце празднуют Новый год?
13. В каком месяце начинается осень?
14. В каком месяце начинается зима?
15. В каком месяце начинается весна?
16. В каком месяце начинается лето?
17. В каких месяцах бывает Пасха?

Exercise 28.   Скажите, когда родилась их дочь?

1. 3/II	5. 14/VII	9. 18/I
2. 7/IX	6. 13/IV	10. 30/III
3. 12/XII	7. 20/19	11. 19/VIII
4. 1/V	8. 9/IX	12. 2/VI

Exercise 29.   Read the following sentences aloud.

1. Русский поэт Пушкин родился в 1799-м году, а умер в 1837-м году.
2. Русский писатель Лермонтов родился в 1814-м году, а умер в 1841-м году.
3. Лев Николаевич Толстой родился в 1826-м году, а умер в 1910-м году.
4. Император Пётр Первый (Великий) родился в Москве в 1672-м году, а умер в Петербурге в 1725-м году. Он родился в XVII веке, а умер в XVIII веке.
5. Императрица Екатерина Первая умерла в 1727-м году.
6. Императрица Екатерина Вторая (Великая) умерла в 1796-м году.

Exercise 30.   Answer the questions.

1. В каком году Петр Первый основал Петербург?   (1703)
2. В каком году Колумб открыл Америку?   (1492)
3. Когда началась Вторая мировая война?   (1939)
   Когда она кончилась?   (1945)
4. В каком году запустили первый спутник вокруг Земли? (1957)
5. В каком году первый человек ступил на Луну?   (1969)
6. В каком году был убит президент Кеннеди?   (1963)
7. В каком году умер Ленин?   (1924)
8. В каком году умер Сталин?   (1953)
9. В каком году умер Брёжнев?   (1982)
10. В каком году умер Андропов?   (1983)
11. В каком году умер Черненко?   (1985)
12. В каком году вы родились?
13. В каком годы родился ваш отец?
14. В каком году родилась ваша мать?
15. В каком году в СССР началась перестройка?

Exercise 31.   Скажите, в каком году это случилось.

1. 1800	7. 1200
2. 1880	8. 1900
3. 1700	9. 1776
4. 1770	10. 1960
5. 1500	11. 1970
6. 1550	12. 900

Exercise 32. Скажите, когда вы там жили.

1. май, 1978
2. июль, 1982
3. сентябрь, 1970
4. февраль, 1971
5. июнь, 1977
6. декабрь, 1987

7. апрель, 1940
8. октябрь, 1953
9. март, 1980
10. август, 1984
11. ноябрь, 1985
12. январь, 1960

Exercise 33. Скажите, когда родился их сын.

Образец: Он родился в тысяча девятьсот пятидесятом году (4/V)

Он родился четвертого мая тысяча
девятьсот пятидесятого года.

1. Он родился в тысяча девятьсот сороковом году.   (3/III)
2. Он родился в тысяча девятьсот шестидесятом году.   (4/VII)
3. Он родился в тысяча девятьсот восьмидесятом году.   (2/I)
4. Он родился в тысяча девятьсот семидесятом году.   (13/VI)
5. Он родился в тысяча девятьсот пятидесятом году.   (18/V)
6. Он родился в тысяча девятьсот десятом году.   (1/I)
7. Он родился в тысяча девятьсот двадцатом году.   (28/II)
8. Он родился в тысяча девятьсот двенадцатом году.   (31/VIII)
9. Он родился в тысяча девятьсот тринадцатом году.   (14/VI)
10. Он родился в тысяча девятьсот тридцатом году.   (15/IV)
11. Он родился в тысяча девятисотом году.   (1/V)
12. Он родился в тысяча девятьсот сорок первом году.   (5/IV)

2.6. Other Prepositions Combining with the Names of the Days of the Week and Months

ДО+GEN (see §7.1)	до среды́ до ма́я	*before / until Wednesday* *before / until May*
К+DAT (see §7.5)	к среде́ к сентябрю́	*by Wednesday* *by September*
ПОСЛЕ+GEN (see §7.6)	по́сле среды́ после ма́рта	*after Wednesday* *after March*
С+GEN (see §7.9)	со среды́ с ию́ня	*since Wednesday / from Wednesday on* *since June/ from June on*
С+GEN + ДО+GEN (see §3.2)	с января́ до ма́рта со среды́ до суб- бо́ты	*from January to March* *from Wednesday to Saturday*
С+GEN + ПО+АСС	с января́ по март со среды́ по суб- бо́ту	*from January through March* *from Wednesday through Saturday*
МЕЖДУ+INSTR of two nouns	между ма́ртом и ию́нем	*between March and June*

Exercise 34. Compose sentences according to the model.

Образец: —За́втра бу́дет 14-ое февраля́. —До како́го числа́
они здесь бу́дут?
   —*Они здесь бу́дут до 14-ого февраля́.*

1. За́втра бу́дет 16-ое января́.
2. За́втра бу́дет 17-ое февраля́.
3. За́втра бу́дет 18-ое ма́рта.
4. За́втра бу́дет 19-ое апре́ля.
5. За́втра бу́дет 20-ое ма́я.
6. За́втра бу́дет 21-ое ию́ня.
7. За́втра бу́дет 22-ое ию́ля.
8. За́втра бу́дет 23-ье а́вгуста.
9. За́втра бу́дет 24-ое сентября́.
10. За́втра бу́дет 25-ое октября́.
11. За́втра бу́дет 26-ое ноября́.
12. За́втра бу́дет 31-ое декабря́.

Exercise 35.   Form sentences according to the model.

Образец: Они уехали в среду.
           Они были здесь до среды.

1. Они уехали в субботу.   4. Они уехали в четверг.
2. Они уехали в воскресенье   5. Они уехали в пятницу.
3. Они уехали во вторник.   6. Они уехали в среду.
                 7. Они уехали в понедельник

Exercise 36.   Compose sentences according to the model.

Образец: Мы уедем в среду.
           Ваша работа нам нужна до среды.

1. в субботу   4. в пятницу
2. во вторник   5. в среду
3. в четверг   6. в понедельник
           7. в воскресенье

Exercise 37.   Compose sentences according to the model.

Образец: До среды она будет занята.
           Приходите после среды.

1. До субботы она будет занята.
2. До четверга она будет занята.
3. До вторника она будет занята.
4. До воскресенья она будет занята.
5. До пятницы она будет занята.
6. До среды она будет занята.
7. До понедельника она будет занята.

Exercise 38.   Compose sentences according to the model.

Образец: Мы уедем в среду.
           Ваша работа нам нужна к среде.

1. в субботу   4. в пятницу
2. во вторник   5. в среду
3. в четверг   6. в понедельник
           7. в воскресенье

Exercise 39. Give Russian equivalents.

1. Do you know what year Dostoevsky was born?
2. What day did you see him, Tuesday or Wednesday?
3. How late does this store stay open?
4. Until what date will you be here?
5. My grandparents came to the USA in the 19th century.
6. In July, 1973, I was studying Russian in Leningrad.
7. President Kennedy was assassinated in 1963, and his brother Robert was killed in May, 1968.
8. Our guests will be here until the ninth of November
9. What was yesterday, the third or the fourth?
10. On the first of May there will be a big holiday.
11. They plan to arrive on Saturday, June 3.
12. Were you born in June or July?
13. I was in the USSR in 1987–1988.
14. My friend lived in Moscow until 1980.
15. Will he get here before the first of September?
16. The great 19th-century Russian poet Pushkin was born in 1799.
17. I'm planning to go to Paris after the 15th of March.
18. She'll be here from Wednesday to Saturday.
19. Boris will be in New York from Thursday through Sunday.

TIME CONCURRENT WITH THE TIME OF THE VERBAL ACTION

Expressions of concurrent time indicate a time that coincides with the time of the verbal action.

§3. Length of Duration of the Verbal Action

3.1. A verbal action performed continuously without any indication that it is brought to completion may be accompanied by an expression indicating the length of its duration, in answer to the question *Ско́лько вре́мени / Как до́лго (дли́тся де́йствие)?* The verb is usually imperfective (see §3.1. below). The time is expressed most frequently by a noun denoting time lexically, or a numeral and noun combination, in the *ACC* without a preposition. The noun may be unqualified or qualified by *весь* (*the whole, the entire*) or *це́лый* (*a whole, an entire*).

Он лежа́л в посте́ли ме́сяц / це́лый ме́сяц.	He was (sick) in bed (for) a month / a whole month.[1]
Ба́бушка всю свою́ жизнь жила́ в дере́вне.	Grandmother spent her whole life in the country.
Бори́с не́сколько лет занима́лся англи́йским языко́м.	Boris spent several years studying English. (Boris studied English (for) several years).
Вчера́ я четы́ре часа́ рабо́тал в лаборато́рии.	Yesterday I worked in the lab (for) four hours. (Yesterday I spent four hours working in the lab.)
По́езд стоя́л на ста́нции мину́ту.	The train stood at the station (for) a minute.

---

[1]Note that *no* preposition is used in Russian time expressions when the preposition *"for"* can be omitted from the equivalent English time expression.

NOTE:
When qualifying a numeral in the *NOM/ACC*, *це́лый* precedes the numeral and may be in either in the *NOM/ACC pl.* or the *GEN pl.*

Мы жда́ли их це́лые два часа́ / це́лых два часа́.	*We waited for them for two whole hours.*
Он рабо́тал у нас це́лые де́сять лет / це́лых де́сять лет.	*He worked here for 10 whole years.*

3.2. The perfective verbs *отдохну́ть* and *подожда́ть,* and perfectives formed with the prefixes *по-* and *про-* from imperfectives denoting a durative action (eg. *сиде́ть, стоя́ть, жить, рабо́тать, лежа́ть*), may also be qualified by a time word indicating the length of duration of the action. The prefix *по-* denotes brief duration of the action; the prefix *про-* denotes prolonged duration of the action.

По́сле обе́да оте́ц отдохну́л час.	*After dinner Father took an hour's rest / rested for an hour.*
Она́ всю свою́ жизнь прожила́ в дере́вне.	*She spent her whole life in the country.*
Подожди́ мину́точку! Сейча́с иду́.	*Wait a minute! I'm coming right away.*
Он посиде́л не́сколько мину́т, пото́м встал и пошёл да́льше.	*He sat for a few minutes, then got up and walked on.*

Запомните!
    Мину́точку! / Одну́ мину́точку!   *Just a minute! / Hold on!*

3.3. The combination C+*GEN* + ДО+*GEN* indicates a period of specific length starting with the first time and continuing until the second time. The verbal action may be continuous or intermittent within that time.

Ба́бушка всегда́ рабо́тала с ра́ннего утра́ до по́зднего ве́чера.	*Grandmother always worked from early morning to late at night.*
Мы бу́дем в Москве́ с пе́рвого до пятна́дцатого ма́я.	*We'll be in Moscow from the first to the fifteenth of May.*
Магази́н закрыва́ется на обе́д с ча́са (с ча́су) до двух.	*The store closes for lunch from 1:00 to 2:00.*

Запомните!
    рабо́тать от зари́ до зари́   *to work from dawn to dusk*

3.4. The combination C+*GEN* + ПО+*ACC* indicates a specific period of time extending from the first time through and including the second time. The complements of both prepositions are dates or the names of months and the days of the weeks.

Мы бу́дем в Москве́ с пе́рвого по пятна́дцатое ма́я.	*We'll be in Moscow from the first through the 15th of May.*

Exercise 1. Read the following dates aloud.

1. с 1967 г. до 1980 г.
2. с 1880 г. до 1900 г.
3. с 1800 г. до 1900 г.
4. с 1941г. до 1945 г.
5. с 1950 г. до 1970 г.
6. с 1933 г до 1950 г.
7. с 1776 г. до 1800 г.
8. с 1935 г. до 1940 г.
9. с 1979 г. до 2000 г.
10. с 1999 г. до 2001 г.

Exercise 2. Read the above dates aloud using the preposition *no:*

Exercise 3. Read the following dates aloud.

1. с 4/XII до 10/I
2. с 3/V до 7/V
3. с 25/V до 31/V
4. с 17/VI до 25/VII
5. с 1/XI до 16/XI
6. с 5/IX до 19/IX
7. с 17/VI до 23/VII
8. с 11/XI до 15/XI
9. с 1/I до 1/XI
10. с 10/III до 24/III

Exercise 4. Form sentences according to the model.

Образе́ц: Пу́шкин, 1799–1837.
            Пу́шкин жил с 1799 года до 1837 года.

1. Ле́рмонтов, 1814–1841
2. Го́голь, 1808–1952
3. Гончаро́в, 1812–1891
4. Турге́нев, 1818–1883
5. Достое́вский, 1821–1880
6. Леско́в, 1831–1895
7. Толсто́й, 1826–1910
8. Го́рький, 1868–1936
9. Че́хов, 1860–1904
10. Салтыко́в-Щедри́н, 1826–1889

Exercise 5.   Give Russian equivalents of the words in parentheses.

1. Отец работал в ЦРУ[1] (*from 1961–1964*).
2. Магазин закрывается на обед (*from 1 to 2*).
3. Мы будем отдыхать (*from August to September 1*).
4. Они будут в Ленинграде (*from March 3–March 6*).
5. Они готовились к экзамену (*from early morning to late at night*).
6. Занятия идут (*from the beginning of September to the end of May*).
7. Врач принимает (*from 8 AM to 12 PM*).
8. Он сидит за книгами (*from dawn to dusk*).

Exercise 6.   Give Russian equivalents.

1. The dean has office hours from 10–2.
2. We lived abroad from 1956 to 1970.
3. She studies every day from early in the morning to late in the evening.
4. I worked on my report from 3:30 to 4:45.
5. We'll be in New York from the third through the ninth.
6. We always take our vacation from the middle of August to the beginning of September.
7. The doctor has office hours from 8 to 1.
8. I'll be here through May 31.
9. He stayed with us until June 5.
10. You'll be in Moscow from April 28 through May 3.
11. He spoke for two hours.
12. I've been studying Russian for three years.
13. After dinner I like to nap (sleep) for an hour.
14. My doctor told me to rest for an hour after dinner [every day].
15. I worked on this (math) problem for two hours.
16. I always take a 15–20 minute walk after supper.
17. Today I ran for an hour.
18. I haven't seen them for a whole year.
19. We've known them for three months.
20. Grandmother watches TV for 8–10 hours every day.

---

[1] ЦРУ - Центра́льное разве́дывательное управле́ние (CIA)

3.4   Approximate duration of the verbal action is expressed by:

(a) juxtaposition of the noun and numeral.

<blockquote>

Он работал у нас года два.   *He worked here about two years.*

</blockquote>

(b) ОКОЛО+*GEN* of the time.   **Час** in this context refers to a time period of 60 minutes, not time by the clock.

<blockquote>

Он работал у нас около двух лет.   *He worked here for about two years.*

Я работал в библиотеке около двух часов.   *I worked in the library for about two hours.*

</blockquote>

(c) the adverbs *приблизительно* or *почти* qualifying the time.

<blockquote>

Он работал у нас приблизительно год / почти два года.   *He worked here about a year / almost two years.*

</blockquote>

(d) the *ACC* of two numerals and a noun combination.

<blockquote>

Он работал у нас 2–3 года.   *He worked here for two or three years.*

</blockquote>

(e) С+*ACC sg.* when only a single unit of time is indicated.

<blockquote>

Он работал у нас с год / с месяц / с неделю.   *He worked here for about a year / a month / a week.*

</blockquote>

═══════════════

Exercise 7:

1. Отец работал в Москве *(for an entire year)*.
2. Мы были в Нью-Йорке *(for three days / for about three days)*.
3. Я его *(all winter / all spring)* не видел.
4. Мы отдыхали *(all evening)*.
5. Мои друзья были в Москве *(for a whole week / the entire week)*.
6. Я сидел дома *(for the whole day)*.
7. Он работал над докладом *(a whole month / about a whole month)*.
8. Она говорила *(for three hours / almost three hours)*.
9. Я читал *(for an hour / about an hour)*.
10. Мы жили на юге *(for 5 years / about 5 years / almost 5 years)*.

11. Мы шли в центр *(20 minutes / about half an hour)*.
12. Она учится в институте уже *(7 years)*.
13. Папа сидел в тюрьме *(1 year / 3–4 years / about 20 years)*.
14. Офицеры играли в карты *(all night / almost the entire night)*.
15. Я учился *(all summer / all winter / almost all spring)*.
16. Нам показывали фотографии *(all day)*.
17. Сегодня я писал письма *(for three hours / the entire day)*.
18. Толстой писал «Войну и мир» *(for 4 years / about 4 years)*.
19. Из Нью-Йорка в Хельсинки самолёт летит *(6 hours / more than 6 hours / about 6 hours)*.
20. Она болела *(for 2 weeks / almost 2 weeks / about 2 weeks)*.

§4. Time Encompassed by a Verbal Action with a Result

ЗА+*ACC* of a noun denoting a unit of time, or a numeral and noun combination, indicates the time period within which the verbal action is begun and brought to completion with a result produced (or not produced) or achieved (or not achieved). The verb denotes a resultative action and is perfective when the action is a one-time action. The time answers *За ско́лько вре́мени (достига́ется результа́т де́йствия)?*

Она написа́ла докла́д **за два дня.**	*She wrote the report in two days.*
За час ты ничего́ не сде́лаешь.	*You won't get anything done in an hour.*
Я прочту́ все э́ти кни́ги **за неде́лю.**	*I'll get all these books read in a week.*
Они́ дое́хали до Чика́го **за час.**[1]	*They got to Chicago in an hour. / It took them an hour to get / to drive to Chicago.*
За час Вы не дое́дете.	*You won't get there in an hour.*

NOTE:

In answer to the question *За ско́лько вре́мени (достигается результа́т де́йствия)?*, В+*ACC* of a time implies the speaker's subjective view of the time as shorter than anticipated. Time expressed this way often appears in political slogans. The noun **час** does not combine with В in such expressions.

Вы́полнить пятиле́тку **в четы́ре го́да!**	*To fulfill the five-year plan in four years!*
Я сде́лал всё э́то **за час.**	*I did all that in an hour.*

---

[1]With a time expression indicating the time necessary to reach a destination, the prefix *до-* combines with verbs denoting unidirectional motion. See also §8.4 below.

Exercise 8.   Form sentences according to the model.

> Образец: Я буду читать эту книгу два дня.
> *Я прочту эту книгу за два дня.*

1. Это здание будут строить пять месяцев.
2. Я буду решать эти задачи весь вечер.
3. Самолёт будет лететь из Москвы в Ленинград 45 минут.
4. Он всё лето будет учиться водить машину.
5. Он будет писать диссертацию год.
6. Мы будем готовиться к экзамену весь вечер.
7. Я буду обедать 20 минут.
8. Она будет одеваться полчаса.
9. Мы будем ехать шесть часов.
10. Он будет всю зиму привыкать к жизни на севере.

Exercise 9. Form sentences according to the model.

> Образец: Он читал эту книгу два дня.
> *Он прочёл эту книгу за два дня.*

1. Он писал доклад неделю.
2. Она учила эти слова 20 минут.
3. Снег таял несколько дней.
4. Она всю зиму училась кататься на коньках.
5. Я собирал материал для доклада месяц.
6. Я готовился к экзамему несколько дней.
7. Отсюда мы ехали до центра 20 минут.
8. Я читал его новый роман два дня.
9. Мы осматривали новую выставку 3 часа.
10. Ребята решали задачи несколько часов.
11. Я переводил эти предложения четыре часа.
12. Мы повторяли новый материал весь вечер.

Exercise 10. Form questions according to the model.

Образец: Сколько времени он писал диссертацию?
За сколько времени он написал диссертацию?

1. Сколько времени вы писали доклад?
2. Сколько времени вы повторяли новый материал?
3. Скольки времени он готовился к экзамену?
4. Сколько времени вы будете лететь в СССР?
5. Сколько времени вы будете читать эту книгу?
6. Сколько времени рабочие строили этот дом?
7. Сколько времени вы учились кататься на коньках?
8. Сколько времени вы собирали материал для доклада?
9. Сколько времени вы будете убирать комнату?
10. Сколько времени вы будете ехать?
11. Сколько времени вы готовили ужин?
12. Сколько времени вы учили новые слова?

§5. The Time Unit Within Whose Temporal Limits the Verbal Action Occurs

A time unit within whose temporal limits the verbal action takes place answers to *Когда́ (происхо́дит де́йствие)?* The time may be completely encompassed by the verbal action or only partly encompassed by the action. Nouns denoting time lexically combine with either **В** or **НА**, or with both **В** and **НА**, often with different temporal references. Unqualified nouns denoting a season or a time segment of the day are expressed by the *INSTR sg.* **without a preposition.** When qualified, they usually combine with a preposition.

(A) Nouns Denoting Time Lexically

5.1. *Секу́нда, мину́та, моме́нт* combine only with В+*ACC* and are always qualified.

в э́тот моме́нт ⎫
в э́ту секу́нду ⎬ *at that moment*
в э́ту мину́ту ⎭

в да́нный моме́нт ⎫
⎬ *at present*
в настоя́щий моме́нт⎭

> **Запо́мните!**
> Сию́ мину́ту. / Сейча́с.
> Сию́ же мину́ту. / Сей же час.

в мину́ту опа́сности   *in a moment of danger,*
в пе́рвую мину́ту   *at first (synonymous with* снача́ла*)*

в после́дний моме́нт ⎫
⎬ *at the last moment*
в после́днюю мину́ту⎭
в после́днюю секу́нду   *at the last second*

5.2. *Час.*

a) Combines with B+*ACC* when qualified by a descriptive adjective, by *пе́рвый* or *после́дний,* or by a noun in the *GEN*.

в тако́й ра́нний час	*at such an early hour*
в вече́рний час	*in an evening hour*
в тяжёлый час	*in a difficult hour*
в час опа́сности	*in an hour of danger*
в пе́рвый час (их знако́мства)	*in the first hour (of their acquaintance)*
в после́дний час (его́ жи́зни)	*in the last hour (of his life)*

b) Combines with B+*PREP* in telling time by the clock. (See §1.1.8b)

в тре́тьем часу́	*after two o'clock*

Запомните!

В до́брый час!   *Good luck!*

5.3. *Утро, ве́чер, ночь* (time segments of the day).

(a) In the *INSTR sg.* **without a prepostion.** The noun is unqualified, qualified by a date in the *GEN,* or by the adverbs *ра́но* or *по́здно.* The adjective *ра́нний* may qualify all three nouns. The adjective *по́здний* may qualify only *ве́чер* and *ночь* (not *у́тро*). When unqualified, *у́тром, ве́чером, но́чью* as well as *днём* may refer to a time immediately preceding or following the moment of speech.

у́тром	*in the morning (this morning)*
ра́но у́тром	*early in the morning*
ра́нним у́тром	*in the early morning*
ве́чером	*in the evening (this evening)*
ра́но ве́чером	*early in the evening*
ра́нним ве́чером	*in the early evening*

поздно вéчером	*late in the evening*
поздним вéчером	*in the late evening*

нóчью	*at night / during the night*
рáно нóчью	*early in the night / early in the morning*
рáнней нóчью	*in the early hours of the night*

поздно нóчью	*very late at night / in the dead of night /*
поздней нóчью	
глубóкой нóчью	*in the wee hours of the morning*

Утром / Вéчером вторóго áвгуста.   *On the morning / On the evening of August 2.*

Запóмните!

сегóдня вéчером	*tonight, this evening*
сегóдня ýтром	*this morning*
вчерá вéчером	*last night, yesterday evening*
зáвтра вéчером	*tomorrow evening / tomorrow night*

NOTE:

When unqualified by an adjective, *днём* refers to the time segment between *ýтро* and *вéчер*.

Утром он был на занятиях, а днём он ходил в центр.   *In the morning he was in class, but in the afternoon he went downtown.*

(b) All three nouns combine with B+*ACC* when qualified by a descriptive adjective, or by *пéрвый* or *послéдний*. When qualified by *э́тот / тот*, they indicate a time segment of a particular day referred to by the speaker.

в пéрвое ýтро	*(on) the first moning*
в послéдний вéчер	*(on) the last evening*
в сóлнечное ýтро	*on a sunny morning*
в безлýнную ночь	*on a moonless night*

в э́ту / в ту ночь	(on) that night (the one I'm speaking of)
в э́то / в то у́тро	(on) that morning (the one I'm speaking of)
в э́тот / в тот ве́чер	(on) that evening (the one I'm speaking of)

(c) All three nouns combine with HA+*ACC* when qualified by *сле́дующий, друго́й,* or by an ordinal numeral other than *пе́рвый.*

на друго́й / на сле́дующий вечер	(on) the next evening
на друго́е / на сле́дующее утро	(on) the next morning
на другу́ю / на сле́дующую ночь	(on) the next night
на второ́й / на тре́тий вечер	(on) the second /third evening

5.4. <u>День</u> (the entire day).

(a) Combines with B+*ACC* when qualified by a descriptive adjective, by a noun in the *GEN*, or by *пе́рвый* or *после́дний.* When qualified by *э́тот / тот* it indicates a particular day referred to by the speaker.

В како́й день?	On what day?
в ле́тний день	on a summer day
в оди́н прекра́сный день	one (fine) day
в выходно́й день	on one's day off
в свобо́дный день	on a free day
в любо́й день	any day at all
в день ее сва́дьбы	on her wedding day
в день его́ рожде́ния	on his birthday / on the day he was born
в пе́рвый день войны́	on the first day of the war
в после́дний день семе́стра	on the last day of the semester
в друго́й день	some other day
в э́тот / в тот день	that day (the one I'm speaking of)
в те дни	(in) those days
в э́ти дни	these days (at the present time; (synonymous with в настоя́щее вре́мя / тепе́рь)

Запомните!
в бу́дни   *on weekdays (any day except Sunday)*

В бу́дни я за́нят. Приходи́те   *On weekdays I'm busy. Come*
в воскресе́нье.   *over on Sunday.*

(b) *Днём* (*INSTR* without a preposition), qualified by an adjective descriptive of the weather or derived from the name of a season, is synonymous and interchangeable with B+*ACC* of *день*, qualified by the same adjective.

в холо́дный зи́мний день ⎫
холо́дным зи́мним днём   ⎬   *on a cold winter day*

в ле́тний день ⎫
ле́тним днём ⎬   *on a summer day*

(c) The names of the days of the week, qualified or unqualified, combine with B+*ACC*

в сре́ду   *on Wednesday / this Wednesday*

в сре́ду на про́шлой неде́ле ⎫
в про́шлую сре́ду   ⎬   *last Wednesday*

в сре́ду на бу́дущей неде́ле ⎫
в бу́дущую сре́ду   ⎬   *next Wednesday*

в сле́дующую сре́ду   *on the following Wednesday*
в пе́рвую сре́ду ме́сяца   *on the first Wednesday of the month*

(d) Combines with HA+*ACC* when qualified by or *друго́й*, or by an ordinal numeral other than *пе́рвый*.

на сле́дующий день ⎫
на друго́й день   ⎬   *(on) the following day*

на второ́й / на тре́тий день   *(on) the second / (on) the third day*

> NOTE:
>
> *На следующий день* and *на другой день* are synonymous and interchangeable. Both refer to the *next* or *the following* day.
>
> *В другой день* refers to *another, some other* day (*i.e.* not today).
>
> | | |
> |---|---|
> | Он приехал в среду, а уже на день другой /на следующий день уехал. | *He arrived on Wednesday and left the very next day.* |
> | Сегодня я занят. Приходите в другой день. | *I'm busy today. Come over some other day.* |

(d) Combines with НА+*PREP* to indicate a time period of a few days within which the verbal action takes place. When qualifying a verb in the past tense the time occurs before the moment of speech. When qualifying a verb in the present or future tense, the time occurs after the moment of speech.

На (этих) днях я уеду в Лондон.	*In a few days I'll leave for London.*
На днях мы получили от неё письмо.	*A couple of days ago we got a letter from her.*

Exercise 11.   Give Russian equivalents of the words in parentheses.

1. Контрольная работа будет у нас (next Saturday).
2. (Last Thursday) мы ходили в поход.
3. Заседание кафедры бывает (on the third Wednesday) каждого месяца.
4. Я получил письмо из дома (this Friday).
5. (On what day) мы пойдём в Большой театр?
6. Экскурсия по городу была (last Saturday).
7. Они собираются приехать (next Tuesday).
8. Они собираются поехать в Ленинград (next Sunday).
9. Наша группа обычно собирается (on the last Friday) каждого месяца.
10. Приходите (any day).
11. Приходите (another day).

12. Что вы делали (last Tuesday)?
13. Где вы будете (next Thursday)?
14. (On weekdays) я всегда дома.
15. (The other day) к нам приехал брат из Москвы.
16. Мы видели его (a day or two ago).
17. Отдай мне это (this very minute)!

=====

5.5. Holidays.

(a) The name of a secular or religious holiday, and *день рождения* denoting a birthday celebration combine with HA+*ACC*.

На Пе́рвое ма́я у нас собрало́сь мно́го госте́й	*On May Day we had many guests (at our place).*
Мы всегда́ быва́ем у ба́бушки на её день рожде́ния.	*We always visit Grandmother on / for her birthday.*
В про́шлом году́ мы бы́ли у Петро́вых на Па́сху.	*Last year we went to the Petrovs' for Easter.*

Запо́мните!
Пе́рвое ма́я / Первома́й   =   1–2 ма́я
первома́йские пра́здники

Октя́брь   =   7–8 ноября́
октя́брьские пра́здники / ноя́брьские пра́здники

Восьмо́е ма́рта =   Междунаро́дный день же́нщин

(b) *Пра́здник*, in the *sg.* or *pl.*, combines synonymously and interchangeably with both HA+*ACC* and B+*ACC*.

Что вы бу́дете де́лать в пра́здники / на пра́здники?	*What are are doing for / during the holidays?*

NOTE:

1. *на Но́вый год* and *в Но́вый год* (on New Year's Day) are
synonymous and interchangeable:

На Но́вый год / В Но́вый год   *We visited some friends on New*
мы бы́ли у друзе́й.   *Year's Day.*

2. *в Но́вом году́* refers to the year about to begin.

Жела́ю вам сча́стья и   *I wish you happiness and*
благополу́чия в Но́вом году́   *prosperity for the New Year.*

(c) *Кани́кулы* (*pl.* only, denoting school holidays or a school
vacation) combines synonymously and interchangeably with B+*ACC* or
HA+*PREP*: *в кани́кулы / на кани́кулах.*[1]

Что вы бу́дете де́лать в   *What are doing during / for the*
кани́кулы / на кани́кулах?   *vacation break?*

Exercise 12. Form questions according to the model.

Образе́ц: —Мы проводи́ли Но́вый год у друзе́й.
          —*Вы бы́ли у друзе́й на Но́вый год?*

1. Мы проводи́ли Па́сху у роди́телей.
2. Мы проводи́ли Рождество́ до́ма у роди́телей.
3. Мы проводи́ли Пе́рвое ма́я в Москве́ у друзе́й.
4. Мы проводи́ли пра́здники у дя́ди и тёти.
5. Мы проводи́ли Восьмо́е ма́рта за́ городом.

[1]See also §5.17а - во время

Exercise 13. **Give Russian equivalents**

1. "Where are you going to be for Christmas?" "We're going to be at our mother's for Christmas and at our father's for the New Year."
2. He went to Leningrad on Tuesday of last week.
3. Where were you and what did you do during school vacation?
4. "Do you want me to come over today or some other day?" "Come over any day."
5. "Does your group meet every month?" "Yes, we meet on the first and last Wednesday of every month.
6. "Did you see them this week?" "Yes, we saw them this Thursday."
7. On what day did we have our meeting, Wednesday or Thursday?
8. "Where are you going to be for the October holidays?" "At home, like always.
9. He works only on Sunday. During the week he rests.
10. "Who's going to be at your birthday party?"

5.6. *Неде́ля.*

(a) Combines with HA+*PREP* when qualified by *э́тот / тот* or by the adjectives *про́шлый, бу́дущий, сле́дующий.*

на э́той неде́ле	*this week*
на той неде́ле	*last week / next week*
на про́шлой неде́ле	*last week*
на бу́дущей неде́ле	*next week*
на сле́дующей неде́ле	*next week / the following week*

(b) Combines with B+*ACC* when qualified by an ordinal numeral or by the adjectives *после́дний, мину́вший, ближа́йший.*

в после́днюю неде́лю ма́рта	*the last week of March*
в пе́рвую неде́лю ма́я	*the first week of May*

5.7. *Ме́сяц.*

(a)   Combines with B+*PREP* sg. when qualified by an adjective denoting the sequence of the month. The qualifier *э́тот* refers to the current month of the current year. The names of the months also combine with B+*PREP*.

в э́том ме́сяце	*this month (the current one)*
в теку́щем ме́сяце	*in the current month (formal)*
в про́шлом ме́сяце	*last month, the past month*
в бу́дущем ме́сяце	*next month*
в сле́дующем ме́сяце	*the following month*
в январе́	*in January*
в январе́ ме́сяце	*in the month of January*

(b)   Combines with B+*ACC* (sg. or pl.) when the qualifier refers to a particular month (or months) not in the current (immediate) calendar sequence.

в э́тот / тот ме́сяц	*that month (the one I'm referring to)*
в пе́рвый ме́сяц войны́	*(in) the first month of the war*
в те ме́сяцы	*during those months*

5.8. *Весна́, ле́то, о́сень, зима́* (the seasons).

(a) In the *INSTR* sg. without a preposition, qualified or unqualified. When unqualified or qualified by *э́тот*, the time may refer to the season concurrent with, or immediately preceding or following the moment of speech.

ле́том	*in the summertime; this / last / next summer*
э́тим ле́том	*this summer / last / next summer*
о́сенью	*in the fall; this / last / next fall*
весно́й 1915-го го́да	*in the spring of 1915*
про́шлой зимо́й ⎫	*last winter*
зимо́й про́шлого го́да ⎭	

(b) With B+*ACC* to indicate a particular season referred to, not the current one. The complement is qualified by э́тот / тот.

в э́ту зи́му / в ту зи́му	*that winter (the one I'm speaking of)*
в э́то ле́то / в то ле́то	*that summer (the one I'm referring to)*

5.9. *Год.*

(a) Combines with B+*PREP sg.* when qualified by an adjective denoting the calendar sequence of the year. The qualifier э́тот denotes the current year.

в э́том году́	*this year*
в настоя́щем / теку́щем году́	*this year, in the current year*
в сле́дующем году́	*next year, in the following year*
в бу́дущем году́	*next year*
в про́шлом году́	*last year*
в ты́сяча девятисо́том году́	*in 1900*

(b) Combines with B+*ACC sg.* when the qualifier refers to a particular year not in a calendar sequence.

в год нача́ла войны́	*the year the war began*
в э́тот / тот год	*that year (the one I'm referring to)*
в голо́дный год	*in a year of famine*
в тяжёлый для нас год	*in a year that was difficult for us*

(c) Combines with B+*ACC pl.* when reference is made to a number of years.

в те го́ды	*(in / during) those years*
в про́шлые го́ды	*in past years / in bygone years*
в бу́дущие го́ды	*in future years; in the years ahead*
в сле́дующие го́ды	*in the following years*
в студе́нческие го́ды	*in (my / our / your) student years*

(d) Combines either with B+*PREP pl.* or B+*ACC pl.* when the qualifier is an ordinal numeral referring to the decade.

в тридца́тых года́х / в тридца́тые го́ды	*in the thirties*

5.10. *Век* (century, age); *столе́тие* (century).

(a) Both nouns combine with B+*PREP* when the qualifier refers to a century in a calendar sequence. The qualifier *э́тот* refers to the current century.

в про́шлом ве́ке / столе́тии	*in the last century*
в этом ве́ке /столе́тии	*(in) this century*
в двадца́том ве́ке	*in the 20th century*

(b) Both nouns combine with B+*ACC pl.* when the qualifier refers to a number of centuries.

в про́шлые века́
в про́шлые столе́тия   *in past centuries, in centuries past*

(c) *Век*, qualified by a noun in the *GEN* referring to an historical age, combines with B+*ACC*. When qualified by an adjective, it combines interchangeably either with B+*ACC* or B+*PREP*.

в век электри́чества	*in the age of electricity*
в ка́менный век / в ка́менном ве́ке	*in the Stone Age*
в Сре́дние века́ = в Сре́дних века́х	*in the Middle Ages*

Exercise 14. Give Russian equivalents of the words in parentheses. Add any necessary prepositions.

1. Я учился в Москве *(last year)*. *(That year)* в Москве было много туристов.
2. Электричесто было освоено человечеством *(in the last century)*.
3. Он вернулся домой *(the year)* смерти отца.
4. *(During the Middle Ages)* город Тверь был большим торговым центром.
5. Мы живём *(in the age of)* космических полётов.
6. Мне сказали, чтобы я пришёл *(some other day)*.
7. *(The year)* окончания университета мы решили встретиться через 5 лет.
8. Это здание построили *(in the 18th century)*.
9. Америка была открыта *(in the age)* великих географических открытий.

10. (*During those years*) мы ещё учились в университете.
11. Она родилась (*in the 1940's*).
12. (*During the first year*) войны мы жили под Курском.
13. Она выскочила из машины (*at the last second*).
14. Первые дома здесь были построены (*in the 15th century*).
15. (*In what century*) Русь приняла Христианство?
16. Я непременно приеду (*next year*).
17. (*Last month*) мы совершали поездку на Аляску.
18. Где вы были и что вы делали (*that morning*)?
19. (*In the next century*) люди будут совершать полеты на Луну и, вероятно, на другие планеты.
20. Я верну тебе деньги (*next month*).
21. Я учился в Москве (*in 1971–72*).
22. (*In my student years*) я плохо учился.
23. (*That night*) мы все волновались за них.
24. (*At that moment*) в комнату вбежал брат.
25. Лето у нас начинается уже (*in the month of March*).
26. (*The next day*) нас водили в Оружейную палату

5.11. *Время*.

(a) Combines with В+*ACC sg.* to indicate a particular period of time. The noun is always preceded by a qualifier.

в это / в то время	*at this / at that time*
в то же время	*at the same time*
в определённое время	*at the appointed (fixed) time*
в своё время	*in one's time; when necessary*
в наше время	*in our time*
в моё время	*in my time; when I was your age*
в настоящее время	*at present*
в данное время	*at the present time*
в довоенное время	*(in the time) before the war*
в послевоенное время	*(in the time) after the war*
в свободное время	*in one's free time*
в любое время	*any time at all, whenever*
в прежнее время	*formerly*

NOTE:

(в) пе́рвое вре́мя, *at first* , and **(в) после́днее вре́мя,** *recently* , are often used without the preposition:

Пе́рвое вре́мя / В пе́рвое вре́мя она́ о́чень стесня́лась.	*At first she was very shy.*
В после́днее время / После́днее вре́мя он увлека́ется свои́м компью́тером	*Lately he's been hooked on his computer.*

Запо́мните!

Всё в своё вре́мя.   *Everything in due course.*

в ско́ром вре́мени   *soon*
          (B+PREP in this expression only)

(b) Combines with B+*ACC pl.* to indicate a time period covering a span of years. The noun is qualified by a descriptive adjective or the the name of an historical personage.

в ста́рые времена́	*in olden times / in olden days*
в дре́вние времена́	*in ancient times*
во времена́ Пу́шкина	*in Pushkin's time / in Pushkin's day*
во времена́ Ста́лина	*in Stalin's time / in Stalin's day*

5.12. *Про́шлое* (*the past*), *дре́вность* (*antiquity*), *бу́дущее* (*the future*) combine with B+PREP.

в дре́вности	*in ancient times, in antiquity*
в про́шлом	*in the past*
в бу́дущем	*in the future*

Запо́мните!

в старину́   *in olden days, in days of old*

в дальне́йшем   *henceforth, from now on*

Exercise 15.   Give synonyms with the word время:

1. тогда
2. теперь/сейчас
3. раньше
4. одновременно/тогда же
5. недавно
6. когда-то
7. когда будет нужно
8. давным-давно
9. сначала
10. когда жил Карамзин
11. когда мы были в вашем возрасте
12. на днях
13. в тридцатых годах
14. когда-нибудь
15. когда нéчего делать
16. после войны
17. когда жил Достоевский
18. скоро
19. когда я не занят
20. когда угодно/когда хотите

Exercise 16.   Use synonymous phrases with время to replace the words in boldface.

1. Я позвоню тебе **на днях**.
2. **Тогда** я ещё учился.
3. Они сказали, что сделают всё, **когда будет нужно**.
4. **Сначала** нам было очень трудно.
5. **Скоро** здесь будет построено много современных домов.
6. Это здание построили **до того, как началась война**.
7. Заходите, **когда вам угодно**.
8. **Когда мне нечего делать**, я люблю читать научную фантастику.
9. Она **недавно** начала изучать японский язык.
10. **Когда я был в вашем возрасте**, никто так не говорил.
11. **Раньше** на этом месте было болото.
12. Мы **всегда** готовы помочь вам.

(b)   Nouns Not Denoting Time Lexically, Combining with B or HA

5.13. *Погóда* and nouns denoting weather phenomena.

(e.g. *бýря, дождь, грозá, жарá, хóлод, морóз, гололёд*)

(a) Nouns denoting weather phenomena combine with B+*ACC* or BO BPÉMЯ+*GEN*.

Он лю́бит катáться на лы́жах во врéмя снегопáда.	*He likes to ski when it snows.*
Во врéмя грозы́ я всегдá волнýюсь.	*During a thunderstorm I always get upset.*
Кудá вы éдете в такóй снегопáд?	*Where are you going in such a snowstorm?*

(b) *Погóда,* always qualified by an adjective, combines only with B+*ACC.*

Не выходи́ в такýю дождли́вую погóду!	*Don't go out in such rainy weather!*

Exercise 17. Form sentences according to the model.

Образец: —На у́лице такáя плохáя погóда!
—*Кудá ты идёшь в такýю плохýю погóду?*

1. На у́лице такáя грозá!
2. На у́лице такóй снегопáд!
3. На у́лице такáя непогóда!
4. На у́лице такóй ли́вень!
5. На у́лице такóй морóз!
6. На у́лице такáя бýря!
7. На у́лице такáя жарá!
8. На у́лице такáя метéль!
9. На у́лице такóй проливнóй дождь!
10. На у́лице такóй урагáн!

5.14. *Раз*.

Note the following synonymous expressions.

в э́тот раз / на э́тот раз	this time / this (one) time[1]
в пе́рвый раз / пе́рвый раз	(for) the first time
в после́дний раз / после́дний раз[2]	(for) the last time
в сле́дующий раз / сле́дующий раз[2]	the next time
в друго́й раз / другóй раз[2]	another time

Запомните!

Я тебе́ это говорю́ в пе́рвый и после́дний раз.	I'm telling you this for the first and the last time.

5.15. Time by the Sun.

Заря́, рассве́т, восхо́д (сóлнца), зака́т (сóлнца) combine with HA+*PREP*.

на заре́   { at dawn / daybreak
            { at dusk / at sundown

на рассве́те	at dawn
на восхо́де (сóлнца)	at sunrise
на зака́те (сóлнца)	at sunset

Запомните!

у́тренняя заря́ *dawn*
вече́рняя заря́ *dusk*

---

[1]на этот раз emphasizes the contrast: this "<u>one particular</u>" time .
[2]The preposition в is often omitted.

5.16. Nouns denoting someone's age or a time of life.

(a) *Во́зраст* and nouns denoting a time of life combine with
B+*PREP.*

В како́м во́зрасте?	At what age?
в де́тстве	in childhood
в ра́нней ю́ности	in early youth
в мо́лодости	in youth / in one's younger years
в отро́честве	in adolescence
в сре́днем во́зрасте	in middle age
в ста́рости	in old age
в глубо́кой ста́рости	at a ripe old age
в во́зрасте двадцати́ лет	at the age of 20
в десятиле́тнем во́зрасте	at the age of 10

Запо́мните!

на ста́рости лет	in one's old age
в года́х / в лета́х	elderly, on in years

(b) Age is also expressed by B+*ACC* of a cardinal numeral + the
months or years in the appropriate case.

Их дочь пошла́ в де́сять ме́сяцев.	Their daughter started walking at 10 months.
В двена́дцать лет он уже́ води́л маши́ну.	He was already driving when he was 12.

Exercise 18. Give Russian equivalents.

1. Not a single one of us slept that night.
2. Don't use a dictionary the next time!
3. What were you doing that morning?
4. I'm telling you this for the last time.
5. When the weather is good we often go for boat rides.

6. She could drive a car at the age of 10, and at 12 she could fly a plane.
7. In his old age, my uncle married an 18 year old girl.
8. This book was published in the 1920's. A lot of books were published in the 20's.
9. "At what age do children start learning English in your country?" "At 7."
10. Her great-great grandmother died at a ripe old age.
11. I was an exchange student at Moscow University in 1961. There were very few foreigners studying at the university that year.
12. I was an exchange student at Moscow University in the early 1960's (= at the beginning of the 60's). During those years there weren't many foreigners studying at the university.
13. On the day she died, I was leaving for Brazil.
14. In the past I used to be able to run 10 miles a day, but now I can't even run 5.
15. Let's try it another way this time.
16. The first time Vronsky saw Anna was at a railroad station. The next time he saw her was at her brother's house.
17. A lot of things happened the year I was born.
18. "On what days does Dr. Brown see (= accept) patients?" "On Monday and Friday."
19. The other day I went to GUM and bought a scarf.
20. Just where do you think you're off to in such weather?
21. At that moment I thought I would die.
22. I went to see him, but he wasn't home. I guess I'll go see him some other time.
23. I haven't seen much of them lately.
24. "At your age I never thought about sex." "When did you live, in the Dark Ages?"
25. When should we come, this week or next?
26. On the first day in Moscow we went to the Tretiakov Museum. On the second day we went to the Pushkin Museum.
27. I'm going to be terribly busy this Wednesday. It would be better if we went to see him next Wednesday.

(c)   Other Prepositions Indicating Concurrent Time

5.17. <u>ВО ВРЕМЯ+*GEN vs.* В ТЕЧЕНИЕ+*GEN*</u>:

Both prepositions indicate a time concurrent with the time of the verbal action and both qualify imperfective and perfective verbs. They are not interchangeable.

(a) ВО   ВРЕМЯ+*GEN* combines with complements denoting an activity or an event to indicate only the time of the verbal action, with no further nuance of meaning (in answer to the question *Когда происходит действие*)? The verbal action may encompass the entire time (imperfective verbs), or only part of that time (perfective verbs).

во врéмя:	войны́	переры́ва
	револю́ции	антра́кта
	поéздки	концéрта
	лéкции	урóка

Мы попáли в магази́н во врéмя обéденного перер́ыва.	*We got to the store during our lunch hour break.*
Что вы бýдете дéлать во врéмя кани́кул (в кани́кулы / на кани́кулах)?	*What are doing during the vacation break?*
Во врéмя óтпуска Ни́на съéздит к роди́телям.	*During her vacation Nina will go visit her parents.*
Во врéмя лéкции Бори́с дремáл.	*Boris dozed (off and on) during the lecture.*

NOTE:

  The preposition *во врéмя* and the adverb *вóвремя* (spelled as a single word and stressed on the first syllable) should not be confused.

Отéц привы́к обéдать вóвремя.	*Father's used to having dinner on time.*
Вы как раз вóвремя.	*You're just in the nick of time.*

(b) В ТЕЧЕНИЕ+*GEN* combines with nouns denoting time lexically, and the noun *жизнь*.

(1) When qualifying an imperfective verb, it emphasizes the length of the action's duration, in answer to the question *Ско́лько вре́мени (дли́тся де́йствие)?* The same time expressed by the *ACC* without a preposition also indicates the length of the action's duration with no further nuance of meaning.[1]

В тече́ние ве́чера ра́дио передава́ло результа́ты вы́боров.	*Throughout the evening / All evening long the radio broadcast results of the elections.*
Cf. Весь ве́чер ра́дио пере- дава́ло результа́ты вы́боров.	*All evening the radio broadcast results of the elections.*
Он боле́л в тече́ние двух неде́ль.	*He was sick for all of two weeks /two weeks long / for two full weeks.*
Cf. Он боле́л две неде́ли.	*He was sick for two weeks.*

(2) With a perfective verb in the past tense only, it underscores the length of time it took to achieve the result of the verbal action (in answer to the question *За ско́лько вре́мени (дости́гся результа́т де́йствия)?*[2]

Он написа́л рома́н в тече́ние двух лет.	*It took him two (full) years to write the novel.*
Cf. Он написа́л рома́н за два го́да.	*He wrote the novel in two years.*
В тече́ние одного́ ча́са он сходи́л в магази́н, убра́л кварти́ру и пригото́вил у́жин.	*In the course of a single hour, he managed to go to the store, tidy up the apartment, and fix supper.*
Cf. За час он сходи́л в магази́н, убра́л кварти́ру и пригото́вил у́жин.	*In an hour he was able to go to the store, tidy up the apartment, and fix supper.*

---

[1]*cf.* § 3above.
[2]*cf.* §4 above.

(3) When qualifying a verb in the perfective future, a perfective imperative, or a perfective infinitive it indicates the time period in which the verbal action is expected to be brought to completion.

Сообщи́те нам о ва́шем реше́нии в тече́ние двух неде́ль.
Let us know of your decision (sometime) during the next two weeks.

Покупа́тель вправе верну́ть поку́пку в тече́ние десяти́ дней.
The buyer has the right to return his or her purchase anytime within 10 days.

5.18. ЗА+*INSTR vs.* ВО ВРЕМЯ+*GEN* of complements denoting a meal:

(a) ЗА+*INSTR* and ВО ВРЕМЯ+*GEN* are interchangeable when the verbal action is performed by a participant of the meal, or when someone's absence at the meal is noted.

За за́втраком / Во вре́мя за́втрака оте́ц обы́чно чита́ет газе́ту.
At breakfast father usually reads the paper.

Почему́ тебя́ сего́дня не́ было за обе́дом / во вре́мя обе́да?
Why weren't you at dinner today?

(b) Only ВО ВРЕМЯ+*GEN* combines with a complement denoting a meal when the verbal action is unrelated to the meal itself or does not involve its participants.

Во вре́мя обе́да почтальо́н принёс по́чту.
During dinner the mailman brought the mail.

Во вре́мя у́жина пошёл дождь.
During supper it started to rain.

5.19. ПРИ+*PREP* indicates concurrent time with complements denoting:

(a) a type of government or political system

При коммуни́зме ка́ждый челове́к бу́дет явля́ться хозя́ином свое́й страны́.
Under communism every man will be the master of his country.

(b) an historical personage evoking an era, or the person during whose administration something occurs.

Такие платья носили при Екатерине Второй.	*Dresses like that were worn during the reign of Catherine the Great.*
При новом президенте наш колледж стал принимать женщин.	*Under the new president our college began to admit women.*

(c) ПРИ ЖИЗНИ + *GEN* of a noun denoting a person indicates the person during whose lifetime something was done:

Эта книга была издана при жизни писателя.	*This book was published during the lifetime of the writer.*

Запомните! —В чьё царствование?

—В царствование Бориса Годунова.

(d) an action (expressed by a verbal noun in *-ение / -ание* or a noun derived from a verb) during whose performance the verbal action takes place:

При обсуждении вопроса возник спор.	*During discussion of the problem an argument broke out.*
при переходе через улицу	*while crossing the street*
при посадке	*during landing / while landing*
при взлёте	*during take off / on take off*

Exercise 19. Replace the time expressions in each of the following sentences, with synonymous phrases containing ВО ВРЕМЯ or В ТЕЧЕНИЕ.

Образец: Он всю свою жизнь жил в Перми.
   Он в течение всей своей жизни жил в Перми.

1. Он уже несколько лет работает у нас.
2. Мать болела целые три недели.
3. Когда мы обедали, речь шла о предстоящих праздниках.
4. Когда профессор читает лекции, студенты внимательно слушают.
5. Сестра родилась перед концом Второй мировой войны.

6. Когда я летел в Бостон, мне стало плохо в самолёте.
7. За один день состояние больного ухудшилось.
8. Вечером радио постоянно передавало результаты выборов.
9. Все эти каникуы я сидел дома, никуда не ездил.
10. Когда будет перерыв, я договорюсь с преподавателем о консультации.
11. Когда профессор читал лекцию, я чуть не заснул.
12. Всю ночь шел дождь.
13. Эту книгу он писал почти год.

Exercise 20. Use the words in parentheses to form phrases with ВО ВРЕМЯ, В ТЕЧЕНИЕ, or ПРИ. Indicate when these prepositions can be used synonymously.

1. (Осмотр) врач сказал мне, что нужно бросить курить.
2. Я их видел (антракт).
3. Он заболел (поездка).
4. (Ужин) пошёл снег.
5. Дом был построен (год).
6. Бабушка уехала в Америку (гражданская война).
7. (Обед) я успел сбегать на почту послать телеграмму.
8. (Ужин) все были очень вёселы.
9. Я передам ей письмо (встреча).
10. (Конференция) были заслушаны доклады по вопросам международного положения.
11. Дом строился (год).
12. Я успел прочитать весь роман (неделя).

Exercise 21. Substitute a prepositional phrase beginning with ПРИ or ЗА for the italicized words in the following sentences.

1. Этот план начали осуществлять еще *до смерти Ленина.*
2. *Когда мы ужинали,* брат рассказывал нам о своих приключениях в Африке.
3. Мой дедушка был убит, *когда освобождали город Смоленск.*
4. Повесть «Пиковая дама» была издана́ *до смерти Пушкина.*
5. *Когда обсуждали эту книгу,* разгорелся спор.
6. Московский Кремль был построен *в царствование Ивана III.*
7. *Во время завтрака* она почувствовала себя плохо и решила никуда не ходить.
8. Так и было, *когда был царь.*
9. *Когда будет коммунизм,* каждый будет трудиться по своим способностям.
10. *Кто был царь,* когда отменили крепостное право?

Exercise 22.   Give Russian equivalents.

1. All during class Sasha kept yawning.
2. It's almost impossible to find a cab during a heavy rain.
3. Even though I overslept, I got to class on time.
4. I was so nervous before my exam that couldn't sleep all night.
5. During the sight-seeing trip we learned much of interest.
6. During the summer vacation I intend to visit my aunt in Paris.
7. I'll buy a program for you during intermission.
8. "We got here on time and have been waiting for you for a whole hour. What held you up?"
9. I haven't seen much of them lately.
10. This cactus blooms only for one day, but a Christmas cactus[1] blooms for several weeks.
11. At that time I didn't know much about other countries and other people.
12. I wonder what he does in his spare time.

---

[1] декабрист

Time Relative to Another Time

§6. Time Before or After the Time of the Verbal Action.

6.1. ЧЕРЕЗ / СПУСТЯ+ACC

Both prepositions indicate time preceding the verbal action in answer to the question *Когда́ (происхо́дит де́йствие)?* The complement *час* denotes the time period of 60 minutes (not time by the clock).

(a) ЧЕРЕЗ+ACC qualifies verbs in all three tenses to indicate time that lapses completely before the verbal action takes place. With a verb in the past tense, the time lapse occurred before the verbal action took place. With an imperative, a verb in the future tense, or a verb in the present tense with future meaning, the time lapse occurs immediately after the moment of speech, but before the action takes place.

Приходи́те через 15 мину́т.	*Come over in 15 minutes (15 minutes from now).*
В понеде́льник мы получи́ли от Бори́са телегра́мму и через день он сам появи́лся у нас.	*On Monday we got a telegram from Boris, and two days later he showed up here himself (i.e. he showed up on Wednesday, after the lapse of an entire day).*
Я иду́ в библиоте́ку через час.	*I'm going to the library in an hour (an hour from now).*
Через две неде́ли мой брат улети́т в Пари́ж.	*In two weeks / Two weeks from now my brother will fly to Paris.*

(b) СПУСТЯ (in pre- or postposition)+ACC is synonymous with ЧЕРЕЗ+ACC, but qualifies verbs in the past tense only.

Спустя́ не́которое вре́мя ⎫
Не́которое вре́мя спустя́ ⎬ они ста́ли хоро́шими друзья́ми.
Через не́которое вре́мя ⎭

A little while later they became good friends.

But only:

Через некоторое время вы, наверное, станете хорошими друзьями.	*After a while, you'll probably get to be good friends.*

Запомните!

Мы придём часа через полтора.	*We'll come over in about 1 1/2 hours.*
Они вернутся из Китая недели через две.	*They'll get back from China in a couple of weeks.*

NOTE:

The English preposition *"in"* is often ambigous in its temporal reference. It may refer to the lapse of a time before the verbal action (ЧЕРЕЗ+*ACC*) or to the time in which the result of the verbal action is achieved (ЗА+*ACC* — see §4 above). The Russian prepositions *через* and *за* are unambiguous in their temporal references and should not be confused:

"I'll do that in five minutes." may be either:

Я это сделаю через 5 минут. (= *5 minutes from now*)

or: Я это сделаю за 5 минут.   (= *it will take 5 minutes*)

Exercise 23.   Give English equivalents of the following sentences.

1. Поезд придёт в течение часа.
   Поезд придёт через час.

2. Я вам дам ответ через несколько минут.
   Я вам дам ответ в течение нескольких минут.

3. Мы вышлем нужные вам книги в течение недели.
   Мы вышлем нужные вам книги через неделю.

Exercise 24.   Use either ЧЕРЕЗ or ЗА in the following sentences.

1. Мы приедем _____час.
2. Я выучил эти слова _____15 минут.
3. Мать поехала в дом отдыха. Она вернётся._____две недели.
4. Я прочту этот роман _____2 дня.
5. Они сделали большие успехи _____ этот месяц.
6. Борис дал мне эти книги на неделю. Я должен прочитать их _____неделю и отдать их _____неделю.
7. Дайте мне вашу машину на час. Я сделаю всё _____час и отдам её _____час.
8. Собрание кончилось _____час.
9. Она зашла ко мне на минуту и _____минуту ушла.
10. Он подготовился к экзамену _____4 дня.
11. _____час мы начнём готовить обед.
12. Мы доехали _____полчаса.
13. Он проснулся _____час.
14. _____час он ответит на все ваши вопросы.
15. Я встану _____несколько минут.
16. Я лег спать и _____10 минут заснул.
17. _____лето я привык вставать рано.
18. Мы познакомились со многими интересными людьми _____ это время.
19. Я поем _____час.
20. Я буду в Москве ещё неделю, а _____неделю я уеду домой.

Exercise 25. Give full sentence answers to the following questions according to the model.

Образец: Он едет в Сибирь на два года.
—*Когда он вернётся?*
—*Он вернётся через два года.*

1. Мы будем там час.
   —Когда вы вернётесь?
2. Я даю тебе эту книгу только на одну неделю.
   —Когда ты мне отдашь эту книгу?
3. Дети пошли в парк на полчаса.
   —Когда дети будут обедать?
4. Друзья поехали в экспедицию на полгода.
   —Когда они вернутся из экспедиции?
5. Экскурсия по городу будет продолжаться два часа.
   —Когда туристы вернутся в гостиницу?
6. Иван взял мою машину на несколько дней.
   —Когда он отдаст вашу машину?
7. Бабушка едет в Бостон на день.
   —Когда вернётся бабушка?
8. Он хочет работать ещё час.
   —Когда он кончит работать?

6.2. HA+*ACC* of a complement denoting time lexically, or a numeral and noun combination, indicates the time completely encompassed by the result (or intended result) of the verbal action in answer to the question *На сколько времени (= сколько времени длится результат действия)?* The time occurs immediately after completion of the verbal action, the result of which may or may not be in force at the moment of speech. The verb may be perfective or imperfective and must denote a concrete action that produces a result that can last over a period of time and that can be reversed.

Я иду в библиотеку на час.	*I'm going to the library for an hour.*
Эти студенты едут в Москву на́ год.	*These students are going to to Moscow for a year.*
Ивановы приезжали к нам в гости на месяц.	*The Ivanovs came to visit us for a month.*
Брат уедет в командировку на две недели.	*My brother will be away on a business trip for two weeks.*
Я даю тебе эту книгу на два дня.	*I'm giving you this book for two days.*

NOTE:

A past imperfective resultative verb qualified by HA+ACC denotes a one-time action brought to completion in the past, whose result lasted (or was to have lasted) for the indicated time, but was then reversed (annulled) and is no longer in force at the moment of speech.

В прошлом году мы ездили в Италию на два месяца	*Last year we went to Italy for two months.*
Сегодня больной вставал на полчаса.	*Today the patient got out of bed for half an hour (and then got into bed again).*

An imperative requests that the result of the action last for the time indicated:

После занятий заходи ко мне на несколько минут.	*After classes, drop by to see me for a few minutes.*

6.2.1. Approximate duration of the result of the verbal action is indicated by juxtaposition of the noun denoting the time unit and the preposition + numeral, or by the adverb *приблизительно*:

Он выходил часа на два.	*He was gone a couple of hours.*
Они уезжают на юг приблизительно на месяц.	*They're going south for about a month.*

Exercise 26. Give English equivalents of the following sentences. In which sentences does the time expression indicate length of duration of the verbal action? In which sentences does it indicate length of duration of the result of the verbal action? In which English equivalents may the preposition *"for"* be omitted.

1. После обеда она легла на полчаса.
   После обеда она полежала полчаса.
   После обеда она обычно ложится на полчаса.

2. Садись минут на пять.
   Посиди минут пять со мной.

3. Мы приехали к вам на неделю.
   Мы ехали к вам неделю.
   Они приезжали к нам на неделю.
   Они были у нас неделю.

4. На сколько времени вы к нам приехали?
   Сколько времени вы к нам ехали?

5. Я всегда открываю окно нá ночь.
   Окно было открыто 15 минут.
   Открой окно на несколько минут!

6. Он поехал в Москву учиться нá год.
   Он будет учиться в Москве год.

Exercise 27.   Answer the following questions.

1. Как долго вы учите русский язык?
2. Сколько времени вы там работали?
3. На сколько времени они уехали?
4. На сколько дней вы приехали?
5. Сколько времени мы уже едем?
6. Сколько дней вы были в Москве?
7. Сколько лет вы будете учиться в университете?
8. Сколько лет она учила русский язык?
9. На сколько времени он выходил?
10. На сколько времени он уехал на юг.

Exercise 28.   Form questions answered by the time expression.

1. Мы ездили к бабушке и дедушке недели на две.
2. Мы летели в Лондон часов шесть.
3. Она приходила на 10 минут.
4. Он спал три часа.
5. Врач положил его в больницу на неделю.
6. Я могу вам одолжить эти деньги на неделю.
7. Она болела неделю.
8. Мы едем во Владивосток на месяц.
9. Мы шли в центр 15 минут.

10. Они остановятся в Ленинграде на неделю.
11. Я вам дам эту книгу только на два дня.
12. Его посадили в тюрьму́ на 10 лет.
13. В США дети учатся в школе 12 лет.
14. Я открывал окно на 10 минут.
15. Они жили на Дальнем Востоке лет 16.
16. Они сидели у нас весь вечер.
17. Мы едем уже 6 часов.
18. Мы ехали на Урал три дня.
19. Окно было открыто всю ночь.
20. Дверь была открыта всё утро.

Exercise 29. Give full-sentence answers to the following questions as in
the model.

Образец: Она пошла в библиотеку на час.
—**Сколько времени** она будет в библиотеке?
—Она будет в библиотеке **час.**

1. Он уехал в СССР на месяц.
—Сколько времени он будет в СССР?
2. Иван дал мне эту книгу на неделю.
—Сколько времени вы будете читать эту книгу?
3. Он уехал в экспедицию на три года.
—Сколько времени он будет в экспедиции?
4. Она уезжала на Крайний Север на три месяца.
—Сколько времени она была на Крайнем Севере?
5. Она открывала окно на полчаса.
—Сколько времени окно было открыто?
6. Врач его положил в больницу на три дня.
—Сколько времени он будет лежать в больнице?
7. Они приедут к нам на несколько дней.
—Сколько времени они будут у вас?
8. Его посадили в тюрьму́ на 6 лет.
—Сколько времени он будет сидеть в тюрьме́?
9. Он выходил в коридор на 5 минут.
—Сколько времени он стоял в коридоре?
10. Они едут на запад на несколько лет.
—Сколько лет они будут жить на западе?

Exercise 30.   Fill in the blanks with the time given on the left. Add the preposition HA when needed.

1. полчаса   Она пошла в парк _____.
2. месяц   Она уехала _____.
3. все лето   Они будут жить у нас _____.
4. целый год   Они поехали во Францию _____.
5. три недели   Мы едем в Калифорнию _____.
6. несколько часов Можно взять этот журнал _____?
7. два часа   Мы к вам ехали _____.
8. несколько минут Он читал журнал всего _____.
9. 6–8 часов   Каждый день она занимается _____.
10. несколько минут Можно открыть окно _____?
11. несколько минут Окно было открыто _____.
12. много лет   Он жил в Сибири _____.

Exercise 31.   Give English equivalents of the following sentences. What questions do the underlined time expressions answer?

1. Я взял эту книгу в библиотеке <u>на десять дней</u>.
   Я буду читать эту книгу <u>десять дней.</u>
   Я должен прочитать эту книгу <u>за десять дней</u>.
   Я должен вернуть эту книгу в библиотеку <u>через десять дней</u>.

2. Отец поехал в дом отдыха <u>на месяц</u>.
   Отец будет отдыхать в доме отдыха <u>месяц</u>.
   <u>За месяц</u> он хорошо отдохнёт.
   <u>Через месяц</u> отец вернётся на работу.

Exercise 32. Fill in the blanks with the times on the left. Use the prepositions ЧЕРЕЗ, НА, ЗА or no preposition where appropriate. Give English equivalents of each sentence.

1. месяц   Я написал курсовую работу _____
             Я писал курсовую работу _____

2. 4 часа   От Нью-Йорка до Бостона нужно ехать _____
             От Нью-Йорка до Бостона можно доехать _____

3. полчаса

Они пришли _____

Они пришли _____

Они шли сюда _____

Они дошли _____

4. неделю

Я читал книгу _____

Я прочитал книгу _____

Я отдал книгу _____

5. 2 недели

Они приехали _____

Они приехали _____

Они уехали _____

Они уехали _____

Они доехали _____

Exercise 33.   Give Russian equivalents.

1. How long does it take to drive to New York from here?
2. How long have you known him?
3. "How long have you lived here?" "Three years."
4. It will take you an hour to get there.
5. I wrote him a letter and got an answer in three days.
6. How long did it take him to write his dissertation?
7. I spent all day writing letters.
8. My father is on vacation. He writes that he'll be back in a week.
9. How long did it take you to learn all those new words?
10. We got there in half an hour.
11. They'll arrive in about three hours / around two o'clock.
12. They got here in three hours.
13. Come at 4 o'clock sharp.
14. "When are you going to clean your room?" "In a few minutes."
15. I studied French for four years.
16. I can do everything that's necessary in half an hour.
17. I got everything done in 15 minutes.
18. Everything was done in 15 minutes.
19. Open the window for a few minutes.
20. We've known them for many years.
21. How long did it take you to learn to swim?
22. They went to England for a year, but lived there only for 6 months.
23. We waited all evening for them, but they never came.
24. The door was open for 15 minutes.

25. I had the TV on for half an hour.
26. The TV was on for half an hour.
27. Nina borrowed some money from me and returned it in two days.
28. May I borrow some money from you for a few days? I'll return it in a week.
29. How long did it take you to tidy up your room?
30. It took me only a few minutes to solve that problem.

§7. Time Before or After the Time Denoted by the Complement of the Preposition.

7.1. ДО+*GEN* indicates the terminal point of a time period of indefinite length before or until the time denoted by the complement. The complement denotes time lexically, or an event or activity coinciding with a time. The time answers the question *Когда (происходит действие?)* or *До каких пор (длится действие)?*

До войны мы жили в Харькове.	*Before the war we lived in Kharkov.*
Мы работали до двух часов.	*We worked until two o'clock.*
Приходите до ужина!	*Come over (anytime) before supper.*

Запомните!	
До каких пор?	*Until when?*
до сего дня	*up to today*
до сих пор	*up to now*
до тех пор	*up to then*
по сей день	*to this very day*

7.2. The combination ЗА+*ACC* + ДО+*GEN* indicates a time period occurring before an event or activity, in answer to the question *Когда (происходит действие)?* The verbal action takes place in the time indicated by ЗА.

Она приехала в университет за два дня до начала семестра.	*She arrived at the university two days before the beginning of the semester.*
Я её видел за неделю до её свадьбы.	*I saw her a week before her wedding.*

7.3. ПЕРЕД+*INSTR* combines most frequently with nouns denoting an event or activity and indicates a brief time before the time coinciding with the complement.

Сегодня перед ужином к нам заходил Борис.	*Boris dropped by to see us today just before supper.*
Принимайте это лекарство перед каждой едой.	*Take this medicine before each meal.*

NOTE:

перед сном / нá ночь =	*at bedtime / just before going to bed (synonymous and interchangeable)*
Открывáйте окнó перед сном / нá ночь!	*Open the window before going to bed.*
Не забýдьте принять лекáрство нá ночь/перед сном.	*Don't forget to take your medicine at bedtime.*

7.4. ПОД+*ACC* combines with *ýтро, вéчер,* and *конéц* or with the name of a holiday to indicate the time immediately preceding the time denoted by the complement.

Под ýтро пошёл дождь.	*It started to rain just before morning.*
Под Нóвый год у нас собирáлись гóсти.	*On New Year's Eve some friends got together at our place.*

Запомните!

	Ему под сóрок.	*He's almost forty.*

7.5. К+*DAT* indicates a non-specific time before, but close to the time or activity denoted by the complement.

К средé всё бýдет готóво.	*Everything will be ready by Wednesday.*
Он приéхал к вéчеру.	*It was getting on toward evening when he arrived.*
Я выйду к полседьмóму.	*I'll leave the house by 6:30.*
Приходúте к ýжину.	*Come over around suppertime.*

NOTE: *Конéц* combines with ДО, К, ПЕРЕД and ПОД.

Начáло combines with ДО, К, and ПЕРЕД.

До начáла семéстра аспирáнты приходúли к профéссору с прóсьбой.	*Before the beginning of the semester the grad students came to see the professor about a request.*
Перед начáлом концéрта артúст óчень волновáлся.	*The artist was very nervous before the beginning of the concert.*
К начáлу / К концý сентября погóда рéзко изменúлась.	*There was a sharp change in the weather toward the beginning / end of September.*
Перед концóм / Под конéц собрáния попросúл слóво Андрéев.	*Andreev asked to be recognized just before the end of the meeting.*

Exercise 34. Combine the words in parentheses with до, к, перед, под, as appropriate. When more than one preposition can be used, note the differences in the temporal references.

1. Они ушли (вечер).
2. Снегопад кончился (утро)
3. По-моему дождь пройдёт (ночь).
4. Женя спала (вечер).
5. Я пойду, прогуляюсь (вечер).
6. Я заснул лишь (утро).
7. Мы выехали из Москвы (вечер).
8. (Утро) больной почувствовал себя лучше.
9. Приходите (8.30, 4.40, 2.30).
10. Мы работали (утро / ночь).
11. Все зрители ушли (конец пьесы).
12. Он явился (самый конец заседания).
13. Я не спал (утро).

Exercise 35. Give Russian equivalents of the words in parentheses.

1. *(Before breakfast)* мама получила телеграмму.
2. *(Just before morning)* начался дождь.
3. Я посетил её в больнице *(before her operation)*.
4. *(Toward the end)* лета погода испортилась.
5. *(Right before New Year's)* я получил сразу 5 телеграмм.
6. *(Just before nightfall)* пошёл снег.
7. Мы опять соберёмся *(before the holidays)*.
8. *(Toward the end)* спектакля он заболел и ушёл.
9. *(Toward evening)* голова перестала болеть.
10. *(Before going to bed)* я обычно выпиваю стакан молока.
11. Последний гол был забит *(just before the end)* футбольного матча.
12. Я всегда волнуюсь *(before exams)*.
13. Принимайте лекарство *(before meals)*.
14. Они всегда молятся *(before eating; before going to bed)*.
15. Если болит голова, прими аспирин *(at bedtime)*.
16. Иногда я бегаю *(in the morning before breakfast)*, но обычно я бегаю *(in the afternoon before supper)*.
17. *(On Christmas Eve)* они вдруг уехали.
18. Я принимаю горячий душ *(before I go to bed)*.

7.6. ПОСЛЕ+*GEN* with an inanimate complement indicates a non-specific time after the time denoted by the complement. The complement may denote time by the clock, the name of a day of the week, a month name, or an event or activity coinciding with a time. With an animate complement it indicates a non-specific time after an action performed by the complement.

Они уéхали пóсле чáса	*They left after 1:00.*

пóсле пяти́ (часóв)	*after 5:00*
пóсле лéкции	*after the lecture*
пóсле обéда	*after dinner*
пóсле заня́тий	*after class*
пóсле (пéрвого) мáя	*after May (1)*
пóсле 1945-го гóда	*after 1945*

Они́ ушли́ пóсле всех. = Они ушли́, после того как все ушли́.
Она умерлá после мужа. = Она умерлá, пóсле тогó как ýмер муж.

═══════════

Exercise 36.   Give Russian equivalents of the words in parentheses.

1. Собрáние кончи́лось (after 1:00).
   Собрáние кончи́лось (in an hour).
2. Он ушёл в 10 часóв и верну́лся (in two hours).
   Он ушёл в 10 часóв и верну́лся (after 2:00).
3. Наш сын нáчал ходи́ть тóлько (at the age of one).
   (A year later) он стал говори́ть.
4. Гóсти ушли́ (in two hours).
   Гóсти ушли́ (after 2:00).
5. Пóезд отхóдит (after 12:00).
   Пóезд отхóдит (in 12 hours).

═══════════

7.7. ПО+*PREP*, used primarily in the formal spoken and written language, combines with *вы́езд, вы́ход, приéзд, прихóд* and nouns in -*ие* denoting a verbal action (*eg. окончáние, прибы́тие, получéние, возвращéние*) to indicate a time after the activity or event denoted by the complement. The same nouns combine more commonly with ПОСЛЕ+*GEN*, but ПО may indicate a time immediately after the activity or event denoted by its complement. The same time may also be

expressed by a subordinate clause introduced by *после того́ как* or *когда́*
with a perfective verb.

По оконча́нии шко́лы ⎫
По́сле оконча́ния шко́лы ⎪
По́сле того́ как он око́нчил шко́лу, ⎬ он поступи́л в университе́т.
Когда́ он око́нчил шко́лу, ⎭

After graduating from high school
he went to college.

Exercise 37. Substitute по for после in the following sentences. Make
any necessary changes.

1. После возвращения домой он сел заниматься.
2. После приезда в Ленинград мы сразу же поехали на
   экскурсию по городу.
3. После того как он получил телеграмму, он срочно поехал
   домой.
4. После окончания института сестра поехала работать на
   Дальний Восток.
5. После того как мы приедем в Москву, мы поедем в
   американское посольство.
6. Что вы будете делать, после того как вы окончите
   университет?

7.8. The combination ЧЕРЕЗ+*ACC* + ПОСЛЕ+*GEN* indicates a specific
time period after the time denoted by the complement. The verbal
action occurs after the time indicated by ЧЕРЕЗ, in answer to the
question *Когда́ (происхо́дит де́йствие)?*

Через год по́сле сме́рти му́жа   *A year after her husband's death*
она́ сно́ва вы́шла за́муж.   *she remarried.*

Через неде́лю по́сле разво́да   *He remarried a week after his*
он сно́ва жени́лся.   *divorce.*

7.9. C+*GEN* of a qualified or unqualified time expression indicates the
time when the verbal action begins and then continues to the time
denoted by the tense of the verb. The time answers to *Ско́лько вре́мени?*
or *С каки́х пор (дли́тся де́йствие)?*

Мы живём здесь с нача́ла   *We've been living here since the*
про́шлого го́да.   *beginning of last year.*

Она с детства интересовалась математикой.	*She had been interested in math since childhood.*
Я жду тебя с шести часов.	*I've been waiting for you since six o'clock.*
С утра шёл дождь.	*It had been raining since morning.*
Я его не видел с прошлого сентября.	*I haven't seen him since last September.*

Запомните!

С каких пор?	*Since when?*
с тех пор	*since then*
со вчерашнего дня	*since yesterday*

Exercise 38.   Form sentences according to the model. Give the English equivalent of each sentence.

Образец: Он вернулся домой за год до окончания института.
Он вернулся домой через год после окончания института.

1. Он уехал за пять лет до начала войны.
2. Бабушка умерла за год до смерти дедушки.
3. Его брат приехал за три дня до начала занятий.
4. Он начал работать у них за месяц до начала занятий.
5. Они пришли за две минуты до начала концерта.
6. Я ушёл за пять минут до его приезда.
7. Мы приехали на вокзал за полчаса до отхода поезда.
8. Иван приехал за неделю до нашего приезда.

Repeated Time

Expressions of repeated time periods in which the verbal action occurs, or the number of times the verbal action is repeated at intervals, qualify imperfective verbs denoting repeated actions.

§8. Time Periods Repeated at Intervals

8.1. *Ка́ждый*, qualifing a noun denoting time lexically in the *ACC* without a preposition, emphasizes the regularity of the recurrence of that time.

У нас быва́ют собра́ния ка́ждый ме́сяц.	*We have meetings every month.*
Она́ приходи́ла к нам ка́ждую неде́лю.	*She used to come to see us every week.*
Cf. Он приезжа́л к нам ка́ждую зи́му.	*He would visit us every winter.*
Он приезжа́л к нам зимо́й.	*He visited us / would visit us in the winter.*
Он прихо́дит к нам ка́ждый ве́чер.	*He comes to see us every evening.*
Он прихо́дит к нам ве́чером.	*He comes to see us in the evening.*

Запо́мните!

ка́ждые не́сколько ме́сяцев	*every few months*
ка́ждые пять мину́т	*every five minutes*
ка́ждые полчаса́	*every half hour*

8.2. ЧЕРЕЗ+*ACC sg.* of a noun denoting a single time unit indicates the time that lapses completely between each repeated action.

В часы́ пик поезда́ хо́дят через ка́ждые две мину́ты / ка́ждые две мину́ты.	*During rush hours trains run every two minutes.*
Он рабо́тает через день.	*He works every other day.*

NOTE: Expressions such as *Ка́ждые три го́да* and *через ка́ждые три го́да* are synonymous. The latter is more common in the spoken language. Constructions with ordinal numerals (*ка́ждый второ́й час every second hour*, *ка́ждый тре́тий час every third hour*) are also common in Russian, but *через* is not used with them. Note the various ways of expressing *"Take this medicine every three hours."*

	Принима́йте э́то лека́рство ка́ждые три часа́.
or:	Принима́йте э́то лека́рство через ка́ждые три часа́.

| *But only:* | Принима́йте э́то лека́рство ка́ждый тре́тий час. |

8.3. ПО+*DAT pl.* of *час, у́тро, ве́чер, ночь* or the unqualified name of a day of the week indicates a number of time periods in which the verbal action is repeated. The time answers to *Когда́ (повторя́ется де́йствие?)* or *Ско́лько вре́мени (дли́тся ка́ждое повторя́ющееся де́йствие в на́званное вре́мя)?*

Он рабо́тает в библиоте́ке по утра́м / по вечера́м.	*He works in the library (in the) mornings / evenings.*
Она́ прихо́дит то́лько по четверга́м.	*She comes over only on Thursdays.*

NOTE:

День combines with ПО+DAT *pl.* only with the qualifier *це́лый*:

Учёный ча́сто пропада́л в тайге́ по це́лым дням.	*The scientist would often disappear in the taiga for days (at a time).*

Запо́мните!

Расти́ не по дням, а по часа́м.	*To grow by leaps and bounds.*

8.3.1. *У́тром, ве́чером, но́чью* (INSTR sg.), or *утра́ми, вечера́ми, ноча́ми* (INSTR pl.), and В+ACC sg. of an unqualified name of the day of the week are synonymous and interchangeable with ПО+DAT pl. of the same nouns. The INSTR pl. forms *дня́ми* and *часа́ми* are synonymous and interchangeable with ПО+*DAT pl.* of the same nouns qualified by *це́лый.*

Он звони́т домо́й ве́чером / вечера́ми / по вечера́м.	*He calls home in the evening / evenings.*
Cf. Он звони́т домо́й ка́ждый ве́чер.	*He calls home every evening.*
Она́ рабо́тает по суббо́там / в суббо́ту.	*She works on Saturdays / on Saturday.*
Cf. Она́ рабо́тает ка́ждую суббо́ту.	*She works every Saturday.*
Она́ ча́сто игра́ет на роя́ле часа́ми /по це́лым часа́м.	*She often plays the piano for hours / for hours at a time / for hours on end.*
Он дня́ми / по це́лым дня́м ни с кем не говори́л.	*He wouldn't talk to anyone for days / for days at a time / for days on end.*

8.4. ЗА+*ACC* of a time, qualifying an imperfective resultative verb indicates the time in which the result of each repeated verbal action is achieved, in answer to the question *За ско́лько вре́мени (достига́ется результа́т ка́ждого повторя́ющегося де́йствия)?*[1]

Я прочи́тывал таки́е рома́ны за день.	*I would / could read novels like that in a day.*
Самолёт от Нью-Йо́рка до Бо́стона долета́ет за 20 мину́т.	*It takes 20 minutes for a plane to fly from New York to Boston.*

---

[1]*Cf.* §4 above.

§9. The Number of Times the Verbal Action is Repeated

The number of times a verbal action is performed may be expressed by:

9.1. a numeral + *раз* in the appropriate case.

Я ему́ два ра́за писа́л, но он ещё не отвеча́л / отве́тил.	*I wrote him twice, but he hasn't answered yet / still hasn't answered.*
В суббо́ту я ей не́сколько раз звони́л, но её не́ было до́ма.	*I called her several times Saturday, but she wasn't home.*
На про́шлой неде́ле мы два ра́за ходи́ли в кино́.	*We went to the movies twice last week.*
В про́шлом ме́сяце я два ра́за лета́л домо́й.	*Last month I flew home twice.*

9.2. a numeral + *раз* in the appropriate case + B+*ACC* of a time unit.

Принима́йте э́то лека́рство 3 ра́за в су́тки.	*Take this medicine three times per day.*

9.3. a cardinal numeral and noun denoting a time unit + B+*ACC* of a noun denoting a larger time unit.

У нас уро́ки ру́сского языка́ 5 дней в неде́лю.	*We have Russian lessons five days per week.*

NOTES:

1. A single occasion is usually expressed by *раз* alone but may be qualified by *один* when *once,* rather than more than once is emphasized.

Бабушка приходила к нам   *Grandmother would visit us*
(один) раз в неделю.   *just once a week.*

2. The noun *год* is used either with B+*ACC* or B+*PREP*:

Студенты сдают устные   *Students take oral*
экзамены два раза в год/в году.   *exams twice a year.*

3. A resultative action performed on separate occasions in the same time period is expressed by the imperfective. A resultative action performed with no time interval between each repeated action is expressed by the perfective.

В субботу я ей несколько раз   *I called her several*
звонил, но её не было дома.   *times on Saturday, but*
                                she wasn't home.

В прошлом месяце я ему два раза   *Last month I wrote to*
писал, но он ещё не отвечал (ещё *him twice, but he still*
не ответил).   *hasn't answered (he*
                                 hasn't answered yet).

but: Я прочитал его записку пять раз,   *I've read his note five*
но я совершенно не понимаю   *times, but I just can't*
(никак не пойму), чего он хочет.   *figure out what he*
                                     wants.

Exercise 39.   Compose sentences according to the model.

Образец: Он работает в понедельник.
          Он работает по понедельникам.

1. Мы не работаем в четверг.
2. Я не сплю ночью.
3. Он работает в среду.
4. Они приходят во вторник.
5. Я плаваю в бассейне вечером.
6. Мы работаем утром.

7. Я отдыхаю в воскресенье.
8. Я хорошо сплю ночью.
9. Врач принимает утром.
10. Он отдыхает в субботу.

Exercise 40. Compose sentences according to the model.

Образец: Я встречаюсь со школьными друзьями каждые три года.
    Я встречаюсь со школьными друзьями через каждые три года.

1. Самолёты на Москву отправляются каждые полчаса.
2. Лекарство надо принимать каждые четыре часа.
3. Контрольные у нас бывают каждые 3–4 дня.
4. Поездá метро подходят каждые полминуты.
5. Последние известия передают по радио каждые полчаса.

Exercise 41. Give Russian equivalents of the words in parentheses. Where possible give alternate synonymous time expressions.

1. Он приезжает (*every three years*).
2. Щенкá нужно кормить (*every four hours*).
3. Саранчá появляется (*every 17 years*).
4. Мы навещаем бабушку (*every three weeks*).
5. Это повторяется (*every three months*).
6. Мы были дома (*in an hour*).
7. Они уехали (*6 years after the war*).
8. Мы приедем (*after 3 o'clock*).
9. Мы приедем (*in three hours*).
10. Он вернулся (*in two hours*).
11. Поезд отходит (*in an hour*).
12. Я плаваю в бассейне (*every other day*).
13. Такие задачи он решает (*in two minutes*).
14. Я решил эту задау (*in two minutes*).
15. Летом мы играем в карты (*for days at a time*).

Exercise 42. Give Russian equivalents. Where possible, give alternate synonymous time expressions.

1. The meeting will be over in an hour.
2. "Do you work every day or every other day?" "I work three days a week, but never on Sunday."
3. The meeting lasted an hour.
4. Where will we all be in 10 years?
5. The doctor told me to take this medicine every 4 hours / every 2 hours / 4 times a day.
6. We have tests every two weeks.
7. We got to the station 10 minutes after the train had left.
8. They're in Canada right now, but they'll be home in a few days.
9. How many times have I told you not to do that?
10. I'll be over in about 5 minutes.
11. He goes to the psychiatrist twice a week.
12. A bus stops here every few minutes.
13. In a year you won't recognize this place.
14. I slept badly last night. I woke up every couple of hours.
15. This year Thanksgiving will be celebrated on November 23.
16. We see them only once a year, on New Year's Day.
17. I'll start supper in a few minutes.
18. She learned how to swim in a week.
19. She spent last week learning how to swim.
20. In a few years you'll speak excellent Russian.
21. I worked on that problem for half an hour, but couldn't solve it.
22. I solved all those problems in half an hour.
23. Come over in an hour.
24. Come over after 1:00
25. Come over any time you like.
26. I began working a week after finishing school.
27. I go swimming every other evening.
28. When I was little, we would visit grandfather in the country at least twice a year.
29. I take these pills twice a day, before breakfast and after supper.
30. I need this translation by the end of the week.
31. What is our assignment for next week?
32. I woke up just before daybreak.

§10. *ДОЛГО, ДАВНО,* and Related Adverbs

Both *долго* and *давно* denote a protracted time period of unspecified length, but they are not interchangeable.

10.1. *Долго* always expresses protracted duration of the verbal action. With a negated verb (*долго не* + verb), it expresses protracted absence of the verbal action. The time is always concurrent with the time of the action. The adverb qualifies imperfective verbs in all three tenses (or perfective verbs with the prefix *про-* [see §3.1]) and always answers the question *Сколько времени* ([*не*] *длится* / [*не*] *длилось* / [*не*] *будет длиться действие*)?

Сегодня ребёнок долго спит.	*The child is has been sleeping for a long time today.*
Вчера Борис долго работал в библиотеке.	*Yesterday Boris spent a long time working in the library.*
Мы долго жили там.	*We lived there (for) a long time.*
Черепахи долго живут.	*Turtles live (for) a long time.*
Он ещё долго будет писать свою диссертацию.	*He's going to spend a long time yet writing his dissertation.*
Этот спортсмен каждый день долго бегает.	*That athlete spends a long time running every day.*
Она (обычно) долго одевается.	*She (usually) takes a long time getting dressed.*
Он заболел и долго не работал.	*He got sick and didn't work for a long time.*
Он тяжело болен и долго не будет работать.	*He's seriously ill and won't be working for a long time.*
Вы ещё долго будете здесь?	*Are you going to be here be much longer?*

10.1.1. *Недо́лго* (*not for long*) expresses brief duration of the verbal action and qualifies imperfective verbs in the affirmative only.

Он недо́лго изуча́л ру́сский язы́к.   *He didn't study Russian for long.*

Я недо́лго бу́ду вас заде́рживать.   *I won't keep (detain) you for long.*

10.1.2. *Надо́лго* (*for a long time*) and *ненадо́лго* (*for a short time*) express duration of the result of the verbal action, in answer to the question *На ско́лько вре́мени (= ско́лько вре́мени дли́тся результа́т де́йствия)?* The verb may be perfective or imperfective and must denote a concrete action that produces a result that can last over a period of time and that can be reversed.[1]

Он надо́лго уе́хал. | *He has left / gone away for a long time.*

Ве́ра уходи́ла ненадо́лго. | *Vera wasn't gone very long.*

Э́ти студе́нты надо́лго е́дут в Москву́. | *These students are going to Moscow for a long time.*

Запо́мните! Я ненадо́лго   *I won't be long.*

10.2. *Давно́* always expresses a time long before the present moment of speech or before another past time referred to by the speaker. A verb in affirmative may be perfective or imperfective. A negated verb (*давно́ не*+verb) is usually imperfective. The time answers to *Ско́лько вре́мени (= с каки́х пор [не] дли́тся / = [не] дли́лось де́йствие?)* or *Когда́ случи́лось де́йствие)?* *Давно́* qualifies verbs in the present or past tense only.

(a) With a verb in the present tense in the affirmative, *давно́* indicates that a continuous or intermittent verbal action began long before the moment of speech and is still continuing.

—Ско́лько вре́мени он рабо́тает у вас? | *"How long has he worked with you."*

—Он рабо́тает у нас давно́. | *"He's been working here (with us) for a long time."*

—Ско́лько вре́мени вы живёте здесь? | *"How long have you been living here?"*

—Мы уже́ давно́ живем здесь. | *"We've been living here (for) a long time (and still are)."*

---

[1]Cf. §6.2 above.

(b) With a past perfective verb in the affirmative, *давно́* answers to *Когда́ (произошло́ де́йствие?)* to indicate that the verbal action was brought to completion long before the moment of speech (*a long time ago*):

Она́ давно́ ушла́.	*She left a long time ago.*
Мы давно́ купи́ли э́тот дом.	*We bought this house a long time ago.*

(c) With a past imperfective verb in the affirmative, *давно́* may answer the question *Когда́ (произошло́ де́йствие)?* and indicate that a continuous, repeated, or one-time verbal action took place long before the moment of speech (*a long time ago*).

Мы давно́ жи́ли там.	*We lived there a long time ago.*
Это бы́ло так давно́.	*That was so long ago.* *That was a long time ago.*
Она́ давно́ учи́ла ру́сский язы́к.	*She studied Russian a long time ago.*
Ро́дственники приезжа́ли к нам из Росси́и давно́.	*Our relatives from Russia came to visit us a long time ago.*
Мы давно́ ходи́ли по теа́трам.	*We used to go to the theatre a long time ago.*

> NOTE: *Давно́* is not used with the adverb *наза́д.*

(c.1.) with a past imperfective verb in the affirmative, *давно́* may also indicate a verbal action that continued up to the past time referred to by the speaker (*for a long time / long since*) in answer to the question *С каки́х пор (дли́лось де́йствие)?*

Он был тогда́ офице́ром и давно́ уже́ служи́л в а́рмии.	*He was an officer at the time and had long since been (serving) in the army.*
Де́ти уже́ давно́ спа́ли, когда́ оте́ц верну́лся домо́й.	*The children had already been asleep a long time when father returned home.*

(d) *Давно́ не...* with an imperfective verb either in the past or present tense answers the question *С каки́х пор (не происхо́дит / не происходи́ло де́йствие)?* A verb in the present tense indicates that action no longer occurs; a verb in the past tense indicates that an action has not occurred over a long period of time prior to the moment of speech.

Он давно́ не рабо́тает.	*He hasn't worked / hasn't been working for a long time* (and still isn't).
Она давно́ нам не пи́шет.	*She hasn't written for us for a long time* (and probably won't).
Она давно́ нам не писа́ла.	*She hasn't written us for a long time* (but she still might or she just did).
Давно́ вас не ви́дел/а.	*I haven't seen you in a long time.*

(e) *Неда́вно* (*recently, not long ago*) indicates a short time before the moment of speech and qualifies imperfective or perfective verbs in the past tense only in answer in answer to the question *Когда́ (происходи́ло / произошло́ де́йствие)?*

Он неда́вно на́чал изуча́ть ру́сский язы́к.	*He started to study Russian recently.*
Мы до́лго ничего́ не слы́шали от него́, но неда́вно получи́ли от него́ телегра́мму.	*We hadn't heard from him for a long time, but recently we received a telegram.*

Exercise 43.   In each of the following sentences, ask the question for which *до́лго* or *давно́* is the answer. Translate the sentence and your questions into English.

1. Учёные давно занимаются этой проблемой.
2. Учёные давно занимались этой проблемой.
3. Учёные долго занимались этой проблемой.
4. Я долго читал этот роман.
5. Я уже давно читал этот роман.
6. Я уже давно читаю романы этого писателя.
7. Он давно бросил курить.
8. Она долго училась плавать.
9. Она давно научилась плавать.
10. В прошлом году Володя нам долго не писал.
11. Нина давно нам не писала.

12. Они долго нам не отвечали.
13. Мы их знаем давно.
14. Мы жили в Калифорнии долго.
15. Мы жили в Калифорнии давно.
16. Мы живем в Калифорнии давно.
17. Я им давно не писал/-а.
18. Я им давно не пишу.

Exercise 44. Use the adverbs *долго* or *давно* or adverbs related to them in the following sentences.

1. Вчера я_____ был (была) на работе.
2. Наташа _____ прочитала этот роман.
3. Муж привык к тому, что жена _____ одевается.
4. Бабушка и дедушка _____ уехали из России.
5. Он еще _____ будет работать над своей диссертацией.
6. Женщина _____ стояла на берегу реки.
7. Будущие лётчики _____ тренируются на специальных учебных самолетах.
8. Саша и Митя _____ случайно встретились на улице. Они _____ не виделись.
9. Его письмо _____ пролежало без ответа.
10. После того как он уехал в Одессу, мы _____ не виделись.
11. Я иду к ним _____ .
12. Вы _____ здесь живете?
13. Вы _____ там работали?
14. Из Нью-Йорка в Бостон письма идут _____ , а из Нью-Йорка в Сан Франциско они идут _____ .
15. Вы _____ будете в Москве, только несколько часов.
16. Почему мы так _____ едем?

Exercise 45. Give synonymous sentences with the adverbs *долго* or *давно* or adverbs related to them.

1. Отец жил в СССР в тридцатых годах.
2. Мы живем здесь 15 лет.
3. Мы живем здесь всего неделю.
4. Она была здесь минуту назад.

5. На днях к нам приезжали родственники.
6. Он поехал в Европу на 10 лет.
7. Я пришел на несколько минут.
8. Я уходил на 3 часа / на пять минут.
9. С того дня я их не видел.
10. На днях мы сходили в цирк.
11. Они эмигрировали 10 лет назад.

Exercise 46: Answer the questions with the adverbs *до́лго* or *давно́* or adverbs related to them.

1. Сколько времени вы уже учите русский язык?
2. Когда вы начали изучать русский язык?
3. Сколько времени вы там работали?
4. На сколько времени они уехали?
5. Когда они первый раз ездили в СССР?
6. Когда они уехали в СССР?
7. Сколько времени мы уже едем?
8. На сколько времени вы приехали?
9. Сколько времени вы были в Москве?
10. На сколько времени она вышла?
11. Сколько лет она учила русский язык?
12. На сколько времени он уехал на юг?
13. Когда она вышла?
14. На сколько времени он выходил?
15. Сколько времени вы будете учиться в университете?

Exercise 47. Give Russian equivalents:

1. We haven't heard from him for a long time and don't even know where he is now.
2. "You're late. The train left a long time ago."
3. She usually keeps library books out for a long time. Ask her to return the book as soon as possible. Others need it.
4. The bus travelled slowly, and we rode for a long time.
5. I learned about her sister's illness a long time ago.
6. It takes letters a long time to go from Moscow to Melbourne.
7. "Why did it take you so long to solve the problem?"
8. I'll only be a couple of seconds.
9. Scientists long ago proved that the earth is round.
10. "Where were you? We looked for you for a long time and couldn't find you."
11. It took him a long time to walk to our house.
12. It's been a long time since he's been by to see us.
13. He used to teach mathematics, but that was a long time ago.
14. He didn't say anything for a long time.
15. Have you been living here for long?
16. How long have you known them?
17. My grandparents died a long time ago.
18. I've long since forgotten what we quarreled about at that time.
19. He didn't forget what we quarreled about for a long time.
20. Why are we walking so long?

SECTION IV

Expressing Cause, Reason, and Purpose
ВЫРАЖЕНИЕ ПРИЧИННЫХ ОТНОШЕНИЙ

§1. Prepositions Indicating Cause

1.1. OT+*GEN* indicates something that has a direct effect on the state, condition, or non-volitional action of the subject of a sentence or the particular word which the prepositional phrase qualifies. Both animate and inanimate subjects are used with OT+*GEN* to indicate cause.

Улицы бы́ли мо́крые от дождя́.	*The streets were wet with rain.*
Студе́нты зева́ли от ску́ки.	*The students were yawning out of boredom.*

a) With an animate subject, OT+*GEN* indicates the cause of an emotion or non-volitional action.

Де́ти пры́гали от ра́дости.	*The children were jumping with joy.*
Мы дрожа́ли от гне́ва.	*We were trembling with anger.*
Она́ вскри́кнула от бо́ли.	*She shouted with pain.*
Его́ тётя умерла́ от разры́ва се́рдца.	*His aunt died of a heart attack.*

b) With an inanimate subject or animate subject, OT+*GEN* indicates the cause of the subject's condition.

От любопы́тства у неё загоре́лись глаза́.	*Her eyes blazed with curiosity.*
От шу́ма у неё разболе́лась голова́.	*The noise gave her a headache.*
Мост разру́шился от взры́ва бо́мбы.	*The bridge was destroyed by the / a bomb explosion.*
Ру́ки у него́ дрожа́ли от хо́лода.	*His hands were trembling with cold.*

NOTE: The following complements frequently combine with OT+*GEN* :

страда́ть от любви́	to suffer the pangs of love
от сла́бости	from weakness
от уста́лости	from (with) fatigue
от бессо́ницы	to have insomnia
дрожа́ть от хо́лода	to tremble from the cold
трясти́сь от волне́ния	to shake with excitement
поги́бнуть от пожа́ра	to die in a fire
уста́ть от рабо́ты	to get tired from work
умере́ть от туберкулёза	to die of tuberculosis
пры́гать от ра́дости	to jump with joy

Запомните!

от не́чего де́лать	for want of anything to do
От не́чего де́лать она часа́ми смотре́ла телеви́зор.	For lack of anything better, she would watch TV for hours.

c) In colloquial Russian there are several fixed expressions in which certain nouns combine with C+*GEN* to indicate the cause of someone's non-volitional action. Note the following commonly occuring fixed expressions.

Less Frequent

умере́ть с го́лоду	to die of hunger	(умере́ть с го́лода)
умере́ть со ску́ки	to die of boredome	(умере́ть от ску́ки)
умере́ть со стыда́	to die of shame	(умере́ть от стыда́)
умере́ть со́ смеху	to die laughing / of laughter	(умере́ть со сме́ха)
покати́ться со́ смеху	to roll with laughter / to keel over laughing	
вы́пить с го́ря	to drown one's sorrow in drink	
уста́ть с доро́ги	to be tired from (after) a trip	

Запомните!

со зла́	out of malice, spite
Он это сде́лал со зла́.	He did that out of spite.

1.1.1. Questions asking for the specific cause that produces the subject's condition or non-volitional action may be introduced by *от чего* (spelled as two words in the written language).[1]

—От чего он дрожит?	*"What's making him tremble?"*
—От холода. / —От гнева.	*"The cold." / "Anger."*
—От чего он умер?	*"What did he die of?"*
—От воспалнения лёгких.	*"Pneumonia."*
—От чего у неё болит голова?	*"What's giving her a headache?"*
—От усталости. /—От шума.	*"Fatigue." / "The noise."*

1.2. ИЗ+*GEN* is used only with animate subjects and indicates the feeling or emotion that brings about a volitional action.

отказаться из гордости	*to refuse out of pride*
помогать из сочувствия	*to help out of sympathy*
слушать из вежливости	*to listen out of politeness*
Из жалости она принесла котёнка домой.	*Out of pity she brought the kitten home.*
Она спросила это из любопытства.	*She asked that out of curiosity.*
Мы слушали его только из вежливости.	*We listened to him only out of politeness.*

Запомните!

из принципа	*on principle*
не соглашаться из принципа	*not to agree as a matter of principle*

Exercise 1.   Compose sentences using ОТ or ИЗ to indicate the cause. Justify your choices. Give alternative causes and English equivalents of the completed sentences.

1. Он умер+разбитое сердце
2. Он отказался+упрямство
3. Голова разболелась+шум
4. Она побледнела+страх
5. Они задают такие вопросы+любопытство
6. Он не купил сыну машину+принцип
7. Я готов был провалиться+стыд

---

[1]See also отчего (§4.1).

8. В саду деревья качались+ветер
9. Мы думали, что умрём+голод
10. Я иногда страдаю+бессоница
11. Она улыбнулась+благодарность
12. Она вся дрожала+испуг
13. Ребёнок вскрикнул+боль
14. Я ничего не мог сказать+удивление
15. Лица у них блестели+пот
16. Я разговаривал с ним+жалость
17. Она скрывает свои чувства+гордость
18. Мы ничего не отвечали+застенчивость
19. Она всё это делает+любовь к детям
20. Он не хотел нас слушать+упрямство
21. Лица у них сияли+счастье
22. Девочка заплакала+обида
23. Я думал, что покачусь+смех
24. Он весь горел+зависть
25. Он стал больше заниматься+зависть к соученикам
26. Он поехал к родителям+чувство долга
27. Весь зал гремел+аплодисменты
28. Кругом было бело+снег
29. Я откажусь+вежливость
30. Небо серое+дым

1.3. БЛАГОДАРЯ+*DAT* indicates the cause that produces a favorable action or desirable result. The complement may be animate or inanimate.

Благодаря матери дети владеют и русским и английским языками.

Thanks to their mother the children know both Russian and English.

Благодаря твоей помощи я не провалился на экзамене.

Thanks to your help I didn't fail the exam.

Благодаря дождям урожай в этом году был отличный.

Because of the rains this year's harvest was excellent.

Благодаря бабушке дети хорошо воспитаны.

The children are well brought up because of (thanks to) their grandmother.

1.4. ИЗ-ЗА+*GEN* indicates the cause that produces an unfavorable action or undesirable result.   The complement may be animate or inanimate.

Мы опоздáли на концéрт из-за тебя́.	*We were late for the concert on account of you. (It's your fault we were late for the concert.)*
Они поссóрились из-за пустякóв.	*They quarreled over nothing / over a trifle / over nonsense.*
Из-за детéй у неё разболéлась головá.	*The children gave her a headache.*
Из-за шу́ма мы не слы́шали их разговóра.	*Because of the noise we couldn't hear their conversation.*

1.4.1. Questions asking for the specific cause of an action with an undesirable result are introduced by the interrogative phrase *из-за чегó*.

—Из-за чегó задержáли полёт?	*"What delayed the flight?"*
—Из-за плохóй погóды.	*"Bad weather."*
—Из-за чегó они поссóрились?	*"What was their quarrel about?"*
—Из-за дéвушки. / —Из-за дéнег.	*"Over a girl." / "Over money."*

§2.   Prepositions Indicating Reason

2.1 ПО+*DAT* indicates:

(a) the reason that justifies or blames the animate subject of the sentence for his or her intentional or unintentional action. The complement denotes the subject's condition, emotion, or abberation.

Вы сдéлали э́ти ошибки по невнимáтельности.	*You made these mistakes because of (your) inattentiveness.*
Я по рассéянности взял не те книги.	*I took the wrong books out of absentmindedness.*

(b) Someone else's authorization of that action (in both active and passive constructions):[1]

Я курю́ марихуáну по совéту врачá.	*I smoke marijuana on my doctor's advice.*
Петербýрг был пострóен по прикáзу Петрá Пéрвого.	*St. Petersburg was built at the order of Peter the First.*

---

[1]In passive constructions or constructions without an animate subject, *по* indicates the person responsible for an action or for an action's having taken place.

Запомните!

—По чьему́ приглаше́нию?	"On /At whose invitation?"
(—По приглаше́нию президе́нта.)	"The president's."
—По чьему́ сове́ту?	"On whose advice?"
(—По сове́ту врача́.)	"The doctor's."
—По чьему́ прика́зу?	On whose order?"
(—По прика́зу царя́.)	"The tsar's."
По чьей про́сьбе?	At whose request?
По чьему́ жела́нию?	At whose wish?
По чьей вине́ э́то случи́лось?	Whose fault is it?

Note the following complements which frequently combine with ПО:

жени́ться по любви́/по расчёту	to marry for love / for money
отсу́тствовать по боле́зни	to be absent on account of illness
уво́литься с рабо́ты по со́бственному жела́нию	to quit a job

<u>де́лать что-нибудь</u>:	<u>*to do something*</u>:
по доброте́	*out of kindness*
по привы́чке	*out of habit*
по оши́бке	*by mistake / in error*
по неосторо́жности по невнима́тельности по небре́жности }	*out of carelessness*
по рассе́янности	*out of absentmindedness*
по глу́пости	*out of foolishness / stupidity*
по сове́ту (врача́)	*on my (doctor's) advice*
по мое́й про́сьбе	*at my request*
по приглаше́нию (дире́ктора)	*on the invitation (of the director)*

NOTE:

The complement *причи́на*, always qualified, combines only with ПО+*DAT.*

по неизве́стной причи́не	*for an unknown reason*
по уважи́тельной причи́не	*for good reason*

2.2. **ЗА+ACC** (with a limited number of verbs) indicates the reason for gratitude, reward, retribution, or an emotion. The complement denotes an animate being or something concrete or abstract.

по\благодарить кого-то за подарок	*to thank someone for a present*
наградить солдата за храбрость	*to decorate a soldier for valor*
наказать детей за пакости	*to punish children for their pranks*
бояться за свою шкуру	*to fear for one's hide*
бояться за друга	*to fear for (worry about a friend)*
уважать друга за его скромность	*to respect a friend for his modesty*
сердиться на кого-то за его поведение	*to be mad at someone for his conduct*
извиниться за своё невежество	*to apologize for one's ignorance*
ругать детей за их поведение	*to scold children for their behavior*

2.2.1. Questions asking for the specific reason for gratitude, retribution, a reward, or an emotion are introduced by the interrogative phrase *за что*.

За что он получил повышение?	*What did he get a promotion for?*
За что вы меня благодарите?	*What are you thanking me for?*
За что она его любит?	*What does she love him for?*
За что вы меня ругаете?	*What are you scolding me for?*

Exercise 2. Complete the sentences below with a preposition indicating cause or reason. Choose from the prepositions *от, по, из, из-за, благодаря, за*. Take your cue from the information given in the preceding sentences.

> ОБРАЗЕЦ: Погода была плохая. Экскурсия не состоялась.
> Экскурсия не состоялась *из-за плохой погоды.*

1. Его жена очень рассеянная. Вместо соли она положила в борщ сахар. Она положила сахар в борщ _____.

2. Я был болен и поэтому пропустил много занятий. Я пропустил занятия _____.

3. Им было жалко щенка и они привели его домой. Они привели щенка домой _____.

4. Они обрадовались и закричали. Они закричали _____

5. Вы упрямы и ничего не хотите слышать. Вы ничего не хотите слышать _____

6. Шел дождь. Мы не могли уйти _____

7. Шел дождь. Кругом все было мокрое_____

8. Она была очень взволнована и долго не могла говорить. Она не могла говорить _____

9. Я очень удивился и ничего не мог сказать. Я ничего не мог сказать _____

10. Я ошибся и вместо своей тетради взял твою. Я взял твою тетрадь _____

11. Когда дует ветер, небоскрёбы качаются. Небоскрёбы качаются_____

12. Я очень волновался и не мог начать свою речь. Я не мог начать свою речь_____

13. Это твоя вина, что мы не попали на концерт. Мы не попали на концерт _____

14. В комнате было шумно и я ничего не мог понять. Я ничего не мог понять _____

15. В комнате было тесно, потому что в ней было много книг. В комнате было тесно _____

16. Дул ветер. Стёкла в окнах дрожали. Стёкла в окнах дрожали _____

17. Она его страшно любила, и она вышла за него замуж. Она вышла замуж_____

18. Мне было скучно, и я решил смотреть телевизор. Я смотрел телевизор_____

19. Шёл дождь. Листья на деревьях были мокрые_____

20. Шёл дождь. Мы не могли поехать на дачу _____

21. Шум был очень сильный. Я ничего не мог слышать_____
_____

22. Шум был очень сильный. _____
у меня заболела голова.

23. Врачи применяют новые лекарства, чтобы ликвидировать эту болезнь. _____
эта болезнь будет ликвидирована.

24. Он очень любопытный. Вот почему он спрашивает. Он спрашивает _____

25. Бабушка хорошо воспитала своих внуков. _____ _____ они так хорошо ведут себя.

26. Родители никакого внимания не обращали на своих детей. _____ они оказались такими невоспитанными.

27. Был сильный туман и самолёт не приземлился. Самолёт не приземлился _____

28. Отец советовал мне купить эту машину. Я купил эту машину _____ .

29. Было холодно, и мы не выходили из дóма. Мы не выходили из дóма _____

30. Было холодно, и все дрожали. Все дрожали _____ _____

31. Он очень неопытный, и он сделал много ошибок. Он сделал эти ошибки _____

32. Ты мне очень помогла. Я сдал экзамен. _____ _____ я сдал экзамен.

33. Ты был невнимателен и допустил целый ряд ошибок. Ты допустил эти ошибки _____

34. В расписании была ошибка. Мы не могли найти нужную аудиторию. Мы не могли найти нужную аудиторию_____ _____

35. Он пó уши влюблён в неё. Он страдает _____

36. Ты виноват. Это всё случилось_____

37. Началась метель. Поезд опоздал _____ .

38. Погода была плохая. Полёт задержали. Полёт задержали

_____ .

Exercise 3. Complete the following sentences. Add necessary prepositions.

1. Прогулку отложили + ветер / дождь / гроза

2. Глаза у него сияли+ радость / удивление / злость / ревность / зависть / восторг

3. Они это сделали+злость / неосторожность / глупость/ любопытство / упрямство

4. Они вскрикнули + удивление / восторг / страх / боль

5. Его дядя умер в лагере + рак / инфаркт / голод / воспаление лёгких

6. Ребёнок заплакал + боль / обида / испуг / ты

Exercise 4. Give Russian equivalents:

1. I turned white with fear.
2. This all happened because of your carelessness.
3. He's absent for a good reason.
4. He's crazy about her.
5. Because of her absentmindedness we got there late.
6. He's so mad. He's trembling all over with anger.
7. They'll turn green with envy when they see your new car.
8. He enrolled in a pedagogical institute out of stupidity.
9. I thought we'd die of boredom.
10. When I heard his explanation, I started to roll with laughter.
11. I heard the bad news and had a drink to drown my sorrows.
12. No one dies of smallpox today. Thanks to science, this disease has been eliminated.
13. You must be tired after your trip.
14. This work is giving me a headache.
15. His eyes were wet with tears.
16. At whose invitation did he go to the USSR?
17. She blushed all over.
18. She married him for love, but he married her for money.
19. Because of my parents I got a very good college education.
20. They visit their parents once a year only because they feel they owe it to them.

§3. Indicating Purpose

3.1. ДЛЯ+*GEN* denoting something concrete or an abstract concept indicates the purpose for which something is made, used, or necessary, or the purpose for which the verbal action is performed A verbal noun in *-ение / -ание* is the equivalent of a subordinate clause introduced by *для того, (чтобы...)*.

шкаф для посу́ды	*a china cabinet*
кни́га для чте́ния	*a reader (a book with passages for reading)*
пое́хать на юг для о́тдыха	*to go south for / on a vacation*
а́томная эне́ргия для ми́рных це́лей	*atomic power for peaceful purposes*
Для разви́тия промы́шленнности неоходи́мы нефть и у́голь.	*Oil and coal are indispensable for the development of industry.*
Рабо́чие всё де́лают для выпол- не́ния пла́на (для того́, чтобы вы́полнить план).	*The workers are doing everything to fulfill the plan.*

3.1.1. Questions asking for the specific purpose for which an object is made or used are introduced by the interrogative phrase *для чего́.*

—Для чего́ э́тот прибо́р?	*"What's this instrument for?"*
—Для измере́ния температу́ры.	*"Measuring the temperature."*
—Для чего́ э́тот я́щик?	*"What's this container for?"*
—Для му́сора.	*"Trash."*

3.2. ЗА+*INSTR* indicates the object of fetching, obtaining, or pursuit.

посла́ть (кого́-то) за врачо́м	*to send (someone) for a doctor*
Встань в о́чередь за во́дкой!	*Get in the vodka line!*
Соба́ка гнала́сь за ко́шкой.	*The dog was chasing a cat.*
Ма́льчики ле́зут на де́рево за оре́хами.	*The boys are climbing the tree for nuts.*
Бори́с пошёл в кио́ск за сигаре́тами.	*Boris went to the newsstand for cigarettes.*

Запомните!

1. Стоя́ть в о́череди за апельси́нами.   *To stand in line for oranges.*

2. Встать в о́чередь за апельси́нами.   *To get into line for oranges.*

3.2.1.   Questions asking for the specific person or object to be fetched or obtained are introduced by *за кем* or *за чем* (spelled as two words in the written language).

—За кем мне зае́хать?   *"Who am I supposed to pick up?"*
—За Ни́ной.   *"Nina."*

—За чем ты стои́шь в о́череди?   *"What are you in line for?"*
—За мя́сом.   *"Meat."*

Запомните!

—За чем э́та о́чередь?   *"What's this line for?"*

3.3.   HA+*ACC* qualifies a limited number of nouns to indicate the specific purpose for which something is expected to be used.

На э́ту рабо́ту ну́жен ме́сяц (2 ме́сяца).   *This work will take a month (2 months).*

Я дал де́тям де́ньги на моро́женое.   *I gave the children some money for ice-cream.*

Я купи́л материа́л на костю́м.   *I bought some material for a suit.*

Купи́те фру́кты на сла́дкое!   *Buy (some) fruit for dessert.*

Запомните!

1. Закры́то на ремо́нт.   *Closed for repairs.*

2. Что сего́дня на обе́д?   *What's for dinner today?*

3. На что ты мне даёшь эти де́ньги?   *What are you giving me this money for?*

4. На что они живу́т?   *What do they live on?   /   Where do they get the money to survive?*

5. Дать [де́ньги] на чай (на во́дку).   *To leave a tip.*
   Дать на чай.

   чаевы́е = де́ньги на чай

3.4. РА́ДИ+*GEN* in post- or pre-position is used most frequently in fixed expressions to indicate the person or object for whose sake something is done.

Она́ гото́ва на всё ра́ди дете́й.   *She'll do anything for her children.*

Чего́ ра́ди?   *What (in the world) for?*

Запо́мните!   Ра́ди Бо́га.   *For goodness' (God's) sake.*
           Шу́тки ра́ди.   *For fun, to make a joke, in jest.*
           (Ра́ди шу́тки)

Exercise 5. Give Russian equivalents.

1. You get in the milk line, and I'll get in the bread line.
2. "What are these plates for?" "They're for dessert."
3. What did you buy for dinner?
4. How much time do you need for your report?
5. What is this object (thing) used for?
6. They promised to come by for us at 7 o'clock.
7. Did you leave the waiter a tip?
8. All the museums in this town are closed for repair.
9. We're saving money for a new car.
10. To solve this problem we need to know all the facts.
11. What was the reason for their absence?
12. This reader is for beginners. That one is for an advanced course.

§4. *Why?*

4.1. *Почему́* vs. *заче́м*.

All questions asking for the reason may be introduced by the interrogative adverbs *почему́* and *отчего́*. *Почему́* and *отчего́* are synonymous, but *отчего́* is used most frequently in questions asking for the reason for the condition or an emotion (see note in (d) below). Questions introduced by *заче́м* are restricted both in meaning and in application.

4.1.1. *Почему?*

(a) Only *почему* (not *зачем*) asks for the reason for the state, emotion or condition of the subject of the question. The reply is usually introduced by *потому что*, which may be omitted.

—Почему здесь дует?	*"Why is there a draft here?"*
—(Потому что) окно открыто.	*"(Because) the window is open."*
—Почему она плачет?	*"Why is she crying?"*
—(Потому что) ей грустно.	*"(Because) she's sad."*
—Почему у тебя такие грязные руки?	*"Why are your hands so dirty?"*
—(Потому что) я работал/а в саду.	*"(Because) I was working in the garden."*
—Почему сегодня на улице так много людей?	*"Why are there so many people outside today?"*
—(Потому что) сегодня праздник.	*"(Because) today's a holiday."*
—Почему здесь так холодно?	*"Why is it so cold here?"*
—(Потому что) я открывал/а окно на несколько минут.	*"(Because) I had the window open for a few minutes."*

(b) Only *почему* (not *зачем*) asks the reason for a non-volitional action performed **without** the subject's conscious intent.   Such questions do not necessarily anticipate a reply, and for some such questions, there need not be an answer. The following verbs denote unintentional actions and are frequently used in such predicates:

гибнуть\погибнуть	забывать\забыть
опаздывать\опоздать	ошибаться\ошибиться
падать\упасть	ронять\уронить
терять/ся\потерять/ся	умирать\умереть
———— \поскользнуться (*pf. only*)	

—Почему ты всегда забываешь свои вещи?	*"Why do you always (have to) forget your things?"*
—Почему вы сделали такую ошибку?	*"Why did you / How could make such a mistake?"*
—Почему она покраснела?	*"Why did she (have to) blush?"*
—Почему возник такой вопрос?	*"Why did such a question (have to) come up?"*

(c) Only *почему* (not *зачем*) introduces a negated question. The question may ask the reason for non-performance of the verbal action, or may suggest that the action should really be performed.

—Почему он сегодня не
работает?
—Сегодня его выходной
день.

"Why isn't he working today?"
"Today's his day off."

—Почему он не позвонит на
вокзал? Он может узнать,
когда прибудет поезд.

"Why doesn't he call the station?
He could find out when the
train arrives."

(d) Only *почему* (not *зачем*) is used in impersonal constructions or with verbs denoting emotion, state, or condition.

болеть\заболеть	любить\полюбить
нравиться\понравиться	ненавидеть\(возненавидеть)
плакать\заплакать	смеяться \засмеяться
страдать\(пострадать)	уставать\устать

—Почему вы так устали?
—(Потому что) я всю ночь не спал/а.

"Why are you so tired?"
"(Because) I didn't sleep last night."

—Почему здесь так холодно?
—(Потому что) я открывал/а
окно на несколько минут.

"Why is it so cold here?"
"(Because) I had the window open
for a few minutes."

—Почему здесь дует?
—(Потому что) окно открыто.

"Why is there a draft here."
"(Because) the window is open."

NOTE: *Отчего* is often used in questions asking for the reason of a condition or an emotion.

Почему (Отчего) вы так устали?
Почему (Отчего) здесь так шумно?
Почему (Отчего) у тебя грязное лицо?
Почему (Отчего) вы такой довольный?
Почему (Отчего) вода в реке такая
холодная?

Why are you so tired?
Why is it so noisy in here?
Why is your face so dirty?
Why are you so satisfied?
Why is the water in the
river so cold?

4.1.2. *Зачём?*

Зачём (spelled as a single word) introduces questions in which the verb denotes an action performed with the conscious intent of an animate subject. The same question may also be introduced by *почему*. *Зачём* asks specifically for the intent or purpose of the subject's action. *Почему* is neutral, asking only for the reason for the subject's action. A reply to *зачём* may be expressed by an incomplete statement introduced by *чтобы* (which may be omitted before an infinitive), or by ЗА + *INSTR*. The reply to *почему* in these questions may be expressed by an incomplete statement introduced by *потому что* (which may be omitted), or by *чтобы* (which may be omitted before an infinitive).

COMPARE

—Почему ты закрыл/а дверь?
  —(Потому что) в комнате дуло.
—Чтобы в комнате не дуло.

"Why did you close the door?"
(What brought about your action?)
  "(Because) there was a draft in the room."
  "So there wouldn't be a draft in the room."

—Зачём ты закрыл/а дверь?
  —Чтобы в комнате не дуло.

"What did you close the door for?"
(What was your intent?)
  "So there wouldn't be a draft in the room."

—Почему он пришёл сюда?
  —(Потому что) ему было скучно одному.
  —Чтобы мы ему помогли.
  —(Чтобы) помогать нам.

"Why did he come here?"
(What was his reason?)
  "He was bored by himself."
  "So that we'd help him."

—Зачём он пришёл сюда?
  —Чтобы мы ему помогли.
  —За помощью.
  —(Чтобы) поиграть в шашки.

"What did he come here for?"
(What was his purpose?)
  "So that we'd help him."
  "For help."
  "To play some checkers."

Exercise 6.   For each of the following statements form questions with
почему and, where possible, **зачём**. Give answers
corresponding to the question word used.

Examples: Он включил свет.
—**Почему** *он включил свет?*   —**Зачём** *он влключил свет?*
—*(Потому что) уже темно.*   —*Чтобы можно было читать.*

1. Они опоздали на поезд.
2. Она выключила свет.
3. Им пришлось вернуться
   домой.
4. Вы мне не сказали об этом.
5. Он все время смотрит
   телевизор.
6. Вы соблюдаете диету.
7. Вы кладёте сметану в борщ.
8. Он не может подойти к
   телефону.
9. Вы уходите так рано.
10. Вы сделали так много
    ошибок!
11. Между ними возник спор.
12. Она убила своего мужа.
13. Твой брат едет в СССР.
14. Вы переставили стол.
15. Этот автобус едет в Бостон.
16. Мы ничего не могли понять.
17. Они пошли на собрание.
18. Они не пошли на собрание.
19. Вы всегда теряете мои книги.
20. Ваш чемодан такой тяжёлый.
21. Надо позвонить в деканат.

22. Не надо звонить в деканат.
23. Здесь дует.
24. Вы кричите на меня.
25. Вы молчите.
26. Нельзя открывать эту дверь.
27. Нельзя открыть эту дверь.
28. Вы такой немытый,
    нечёсаный.
29. Он пошёл в аптеку.
30. Они вернулись на родину.
31. Вы забыли нужные
    документы.
32. Он задаёт так много
    вопросов.
33. Он задаёт такие глупые
    вопросы.
34. Она послала мужа в магазин.
35. Вы проснулись так рано.
36. Вы разбудили меня так рано.
37. Занятия начинаются в 7
    часов утра.
38. Я страшно устал от этой
    работы.
39. Её отец страшно ненавидит
    иностранцев.
40. Вы опоздали.

4.1.3. *Зачём* + *imperfective* infinitive introduces a subjectless question asking why the action denoted by the infinitive should be performed and implying that the action is unnecessary.   English equivalents of such questions are *What's the point in...? What's the use of...? Why bother to..?* or *There's no point in..., There's no sense in... / need to....* The verb in such constructions is *always* imperfective.

—Я хочу́ купи́ть но́вую
   маши́ну.
—Зачём покупа́ть но́вую
   маши́ну? Ста́рая ещё
   годи́тся.

"I want to buy a new car."
"What's the point in buying a new car? The old one is still all right."

—Дава́йте приглаcи́м То́ма и
   Мэ́ри.
—Зачём их приглаша́ть? Они
   таки́е проти́вные.

"Let's invite Tom and Mary."
"Why bother? They're so obnoxious."

NOTE:

Нéзачем (colloquially *нéчего*) + *imperfective* infinitive introduces a subjectless declarative statement and is synonymous with *не нáдо*. English equivalents of such constructions are *There's no point in...; There's no use ...; There's no reason to...; There's no need to....*

Нéзачем (Нéчего) их ждать. Они
не приду́т.

There's no need to wait for them. They won't come.

Нéзачем (Нéчего) ему́ сооoбщáть
об э́том. Он, навéрно, ужé знáет.

There's no reason to inform him of this. He probably already knows.

Запомните!
   Всё это ни к чему́.

This is all useless. / It's no use. / It's pointless.

Exercise 7. Form replies introduced by *зачём* to the following statements of command, suggestion, intent, or wish. Think of a
context in which your reply would be appropriate, and
add a comment to justify your answer.

Образцы:
—Давáйте приглаcúм Тóма и Мэ́ри.
—Зачём их приглашать? Они такие противные.
Они всё равно не придут.
Они всегда напиваются.
Они не умеют вести себя в обществе.

—Закрóйте окнó!
—Зачём закрывать окно? На улице холодно.
Комната еще не проветрилась.

—Я хочý купúть нóвую машúну.
—Зачём покупать новую машину? Старая еще годится.

1. Давайте включим свет.
2. Я хочу поехать в СССР учиться.
3. Мы хотим переехать на другую квартиру.
4. Они хотят поместить бабушку в дом престарелых.
5. Позвоним на вокзал, узнáем.
6. Оставим детей дома.
7. Я хочу испечь пирожкú к ужину.
8. Я хочу лечь спать.
9. Поставим стол посредине комнаты.
10. Разогрейте обед.
11. Я хочу сходить на этот фильм.
12. Я им докажу, что я прав.
13. Хорошо было бы повéсить здесь новые занавéски.
14. Зажгите свет!
15. Он хочет перевести эту повесть с английского на
русский.
16. Ты бы переоделся.
17. Я хочу поменять квартиру.
18. Пошлём им поздравительную телеграмму.
19. Отнесите эти часы к мастеру.
20. Давайте займём эти деньги у его дяди.

4.4. The interrogatives *Что?* and *Чего?* are often used in the spoken language instead of *Почему?* and *Зачем?*

—Почему
—Что
—Чего
} он смеётся надо мной?   *"Why is he laughing at me?"*

—Почему
—Что
—Чего
} у тебя такие грязные руки? *"Why are your hands so dirty?"*

—Почему
—Что
—Чего
—Зачем
} ты медлишь?   *"Why are you dallying?"*

—Почему
—Что
—Чего
—Зачем
} ты так врёшь?   *"Why do you lie like that?"*

Exercise 8.   Give Russian equivalents.

1. Why are you studying Russian?
2. "I don't have that book. Why don't you ask Olga for it?"
   "There's no use asking her. She just gave it to Boris."
3. Why are these windows open? It's cold outside.
4. Why don't you hang your coats in the closet?
5. "Let's ask Lyuba about this." "Why bother? She won't tell us the truth."
6. Why bother to help him? He won't pass his exam anyway.
7. "What did he die of?" "AIDS."
8. No one knows what made the dinosaurs perish.
9. "Why did she die of a simple cold? Today no one dies of colds?"
10. "Why are you so tired?" "I didn't sleep all night."
11. They married for love, but for some unknown reason were divorced in six months.
12. "Why is the child crying?" "He's looking for his mother."

13. "What's making the child cry that way?" "He's probably very hungry."
14. "What's making her suffer so?" "A tooth-ache. She has to see her dentist."
15. You'll have to find out from her husband why she had to go to the store so early.
16. "Why don't you go to the Antarctic for a vacation?" "I wouldn't go there for all he money in the world!"
17. "What are you going to New York for?" "To see a new play."
18. "Why do you lie like that? Why don't you tell us the truth?"
19. "Why did you send for the doctor?"
20. "Why bother asking him for money? He'll only get angry."
21. "What made you want to talk to her that way?"
22. "What made the train late?"
23. "Why don't your children speak Russian?"
24. "Why did he ask that?" "Out of curiosity."
25. "On whose order are you doing that?"
26. "That dress isn't very becoming. Whatever made you buy it?"
27. "What did he call for?" "To invite us to the ballet."
28. "Why did such a silly question have to come up? "
29. "How come you failed the exam?"
30. Out of surprise she couldn't say a single word.
31. "Why did she look at me that way?"
32. "Why are you asking that?"
33. "Why do you want to go to the USSR?" "To perfect my Russian."

206 A HANDBOOK OF RUSSIAN PREPOSITIONS

SECTION V

Expressing Quantifying and Qualifying Relationships

ВЫРАЖЕНИЕ КОЛИЧЕСТВЕННЫХ И КАЧЕСТВЕННЫХ ОТНОШЕНИЙ

§1. Quantifying Relationships

1.1. When used with numerals, ПО+*DAT* or ПО+*ACC* indicates distribution of a like amount of the same thing. ПО+*DAT* is always used with the numeral *один,* which may be omitted; ПО+*ACC* is always used with the numerals 2, 3, and 4 (and 200, 300, 400). After other numerals, ПО+*ACC* is used, but ПО+*DAT* also occurs in the written language.

Они выпили по стакану вина.	*They (each) had a glass of wine.*
Дайте нам по две порции, пожалуйста.	*Give us two portions apiece, please.*
Встаньте по два.	*Stand in pairs (couples).*
По скольку вам дать?	*How many do (each of) you want?*

NOTE: The use of ПО in the distributive sense is especially common in the spoken language when referring to items which are bought or sold by weight unit or by the individual piece.

Купи 10 марок по 30 центов.	*Buy 10 thirty-cent stamps.*
Дайте два (мороженых) по 22 копейки, пожалуйста.	*Two 22-kopeck ice-creams, please.*

Запомните!

—Почём апельсины?	*"What do oranges cost?"*
—Два рубля килограмм.	*"Two rubles a kilogram."*
(—По два рубля килограмм.)	

1.2. B+*ACC* of a numeral and the appropriate form of *раз* + the comparative form of an adverb or adjective denotes comparisons of quantity in answer to the question *Во ско́лько раз?*

На се́вере в 5 раз холодне́е.   It's 5 times as cold (5 times colder) up north.

Это в два ра́за лу́чше.   That's twice as good.

Их но́вая кварти́ра в три ра́за бо́льше ста́рой.   Their new apartment is three times as large as their old one.

> NOTE:
>
> Вдво́е гро́мче.   = В два ра́за гро́мче.
> Втро́е лу́чше.   = В три ра́за лу́чше.
> Вче́тверо быстре́е. = В четы́ре ра́за быстре́е.
>
> The forms *впя́теро, вше́стеро, все́меро, ввось́меро, вдевя́теро, вдеся́теро* are seldom used.

1.3. НА+*ACC* of a numeral and its complement + the comparative form of an adverb or adjective denotes the degree of comparison.

Он на 10 лет ста́рше жены́.   He's ten years older than his wife.

На ско́лько лет он моло́же тебя́?   How much younger than you is he?

Они́ прие́хали на час по́зже, чем вы.   They got here an hour later than you.

Приходи́те на час по́зже / ра́ньше.   Come over an hour earlier / later.

> *Запо́мните!*
>
> Это намно́го (гора́здо) лу́чше.   That's much better.

> NOTE: НА+*ACC* may also indicate *to the degree of, to the amount of*:
>
> Он постаре́л на 10 лет.   He aged 10 years.
>
> Мы опозда́ли на 2 часа́.   We were two hours late.
>
> Хлеб подорожа́л на 10 це́нтов.   Bread increased in price by 10 cents.
>
> Умно́жьте 25 на 5!   Multiply 25 by 5!
>
> Раздели́те 49 на 7!   Divide 49 by 7!

1.4. The *INSTR* of a noun denoting measurement+B+*ACC* of a numeral and its complement may qualify a noun to indicate dimension (height, length, depth, width) or weight.

груз ве́сом в две то́нны	*a two-ton load*
сугро́бы высото́й в два ме́тра	*snowdrifts two meters high*
челове́к ро́стом в два ме́тра	*a person 6 feet (2 meters) tall*

1.4.1. Factual statements of measurement are given as follows:

Река́ Во́лга име́ет длину́ в 3531 киломе́тр.	*The Volga is 3531 kilometers long.*
Гора́ Джомолу́нгма (Эвере́ст) име́ет высоту́ в 8848 ме́тров.	*Mt. Everest is 8848 meters high.*

NOTE: C+*ACC* of an unqualified complement indicates approximation (of weight, size, distance, etc.).

Он с тебя́ ро́стом (ве́сом).	*He's about your height (weight).*
Мы прое́хали с ми́лю.	*We drove about a mile.*
Ве́сом с фунт.	*About a pound in weight.*

Запомните!

Ма́льчик с па́льчик.	*Tom Thumb.*

§2. Qualifying Relationships:

2.1. Prepositional phrases qualifying nouns are infinite in number. Some of the more frequently encountered are:

a) B+*ACC* to denote certain patterns on material, paper, etc.

га́лстук в бе́лую поло́ску	*a white striped tie*
материал в горо́шек	*polka-dotted material*
пальто́ в кле́тку	*a checkered coat*
костю́м в ёлочку	*a herringbone suit*

Various types of paper and notebooks

тетра́дь (бума́га) в косу́ю лине́йку[1]

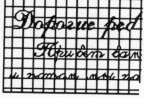

тетра́дь (бума́га) в кле́тку

лино́ванная бума́га (тетра́дь)

Various patterns

в горо́шек

в крапи́нку

в кле́тку

Запомните!

Он весь в отца́.	*He's the spit and image of his father.*
Он пошёл в бабушку.	*He takes after his grandmother (in his negative character).*

---

b) HA+*PREP* to indicate type:

ку́ртка на ва́те	*a (cotton-wool) quilted jacket*
матра́с на пружи́нах	*a matress with springs*
пальто́ на меху́	*a fur lined coat*
пальто́ на ры́бьем меху́	*a thinly lined coat*

---

[1]used in schools to teach students to write letters at the proper angle

c) ИЗ, ОТ, С, ИЗ-ЗА+*GEN* to indicate source or origin. When qualifying a non-animate noun, ИЗ may indicate the material from which something is made:

дом из ка́мня = ка́менный дом	*a brick (stone) house*
костю́м из ше́рсти = шерстяно́й костю́м	*a wool suit*
портфе́ль из ко́жи = ко́жаный портфе́ль	*a leather briefcase*
шу́ба из иску́сственного ме́ха	*a fake fur coat*
па́рень из хоро́шей семьи́	*a lad from a good family*
го́сти из-за грани́цы (с Ку́бы)	*guests from abroad (Cuba)*
за́пах от цвето́в	*the scent of flowers*
шум от у́лицы	*noise from the street*
свет от свечи́	*light from the candle*

d) ПО+*DAT* to indicate the subject of a book, lecture, or examination:

кни́га по фи́зике	*a book on physics*
ле́кции по языку́	*lectures on language*
посо́бие по ру́сскому языку́	*a Russian textbook*
посо́бие по ру́сской грамма́тике	*a textbook on Russian grammar*
экза́мен по ру́сскому языку́	*a Russian exam*
экза́мен по хи́мии	*a chemistry exam*

Запомните!

слова́рь ру́сского языка́	*a Russian language dictionary*
преподава́тель ру́сского языка́	*a Russian teacher*
ка́федра ру́сского языка́	*the Russian (language) department*
уче́бник фи́зики / ру́сского языка́	*a physics book / a Russian text*
и (уче́бник по фи́зике / по ру́сскому языку́)	— (*colloquial*)

---

e) Other prepositional phrases qualifying nouns:

С and its antonym БЕЗ

чай с са́харом / чай без са́хару	*tea with / without sugar*
суп с лапшо́й / с гриба́ми	*soup with noodles / mushrooms*
ко́фе со сли́вками / без ничего́	*coffee with cream / black*

ПОД

ры́ба под майоне́зом	*fish with mayonaise*

Запомните!
То же са́мое, то́лько под други́м со́усом.   *The same old stuff (SOS).*

O

про́сьба о по́мощи	*a request for help*
стул о трёх нога́х	*a three-legged stool*
зако́н о семье́ и бра́ке	*the law on family & marriage*
кни́га о Пу́шкине	*a book on Pushkin*
кни́га об иску́сстве (кни́га по иску́сству)	*a book about art* *(an art book, a book on art)*
догово́р об обме́не препо- дава́телями	*a teacher's exchange*

2.2. Some of the most commonly occuring prepositional phrases qualifying verbs are:

a) C+*INSTR* and its antonym БЕЗ+*GEN*

Я пое́ду туда́ с удово́льствием.	*I'll go there with pleasure.*
Он рабо́тает с аза́ртом.	*He works with great fervor.*
Мы вспомина́ем обо всём э́том с у́жасом.	*We remember this with horror.*
Все слу́шали его́ с интере́сом.	*Everone listened to him with great interest.*
Жду с нетерпе́нием. (Жду не дождусь.)	*I can't wait.*

b) ПО+*DAT*

Они́ говоря́т по телефо́ну часа́ми.	*They speak for hours on the phone.*
Вы́шли эти кни́ги по почте́.	*Send (me) these books by mail.*
Мы купи́ли эти кни́ги по сни́женной цене́.	*We bought these books at a reduced price.*
Все идёт по пла́ну.	*Everything's going as planned.*
Запиши́те эти слова́ по алфави́ту.	*Put these words in alphabetical order.*
Он чита́ет по слога́м.	*He reads syllable by syllable.*
Я знал по её глаза́м (по её го́лосу), что что́-то не то́.	*I could tell by her eyes (voice) that something was wrong.*
по часово́й стре́лке ≠ против часово́й стре́лки	*clockwise ≠ counterclockwise*

c) HA+*PREP* of nouns denoting vehicles or animals to indicate modes of transportation. See Section II, §10.

2.2.1. Less commonly used prepositional phrases qualifying verbs are:

a) B+*ACC*

встать во весь рост   *to stand up straight (all the way up)*

говори́ть в нос   *to speak through one's nose*

крича́ть во весь го́лос
крича́ть во всю Ива́новскую } *to shout at the top of one's lungs*
 also: (крича́ть изо всех сил)

b) ПОД+*ACC*

занима́ться под му́зыку   *to study (work) with music playing*

засну́ть под шум дождя́   *to fall asleep to the sound of rain*

c) ПРО+*ACC*

чита́ть про себя́≠ чита́ть вслух   *to read to oneself ≠ to read aloud*

Запомните!

1. идти́ в но́гу   *to keep in step*
   идти́ в но́гу с мо́дой   *to keep up with the times*

2. вести́ за́ руку   *to lead by the hand*
   взять за́ руку   *to take by the hand*
     Он вёл её за́ руку.   *He was leading her by the hand.*

3. взять по́д руку   *to take by the arm (elbow)*
   вести́ по́д руку   *to lead by the arm (arm in arm)*

4. Они шли рука́ о́б руку.   *They were walking hand in hand.*
   Они шли по́д руку.   *They were walking arm in arm.*

5. оста́вить с но́сом   *to dupe, make a fool of (someone)*
   оста́ться с но́сом   *to be left looking like a fool, be duped*

Exercise 1. **Ознакóмьтесь со слéдующей таблицей:**

ВАЖНЕ́ЙШИЕ РÉКИ НА ЗЕМЛÉ

Назвáние	Кудá впадáет	Длинá (в км)	Глáвные населённые пýнкты
Нил	Средизéмное мóре	6670	Хартýм, Асуáн, Каúр
Амазóнка	Атлантúческий океáн	5510	Икúтос, Сантарéн
Миссисúпи (с Миссýри)	Мексикáнский залúв	6215	Миннеáполис, Сен-Пóл, Сент-Лýис, Мéмфис, Нóвый Орлеáн
Обь (с Иртышóм	Кáрское мóре	5410	Барнаýл, Новосибúрск
Иртýш	р. Обь	4248	Семипалáтинск, Павлодáр, Тобóльск, Омск
Амýр	Охóтское мóре	4416	Благовéщенск, Хабáровск, Комсомóльск-на-Амýре
Енисéй	Кáрское мóре	4092	Красноя́рск, Енисéйск
Вóлга	Каспúйское мóре	3531	Тверь, Ярослáвль, Нúжний Нóвгород, Казáнь, Улья́новск, Самáра, Сарáтов, Волгогрáд, Астрахáнь
Дунáй	Чёрное мóре	2850	Рéгенсбург, Вéна, Братислáва, Будапéшт, Белгрáд
Дон	Азóвское мóре	1870	Ростóв-на-Донý
Окá	р. Вóлга	1480	Орёл, Калýга, Рязáнь, Мýром, Нúжний Нóвгород
Колýмбия	Тúхий океáн	1250	Ванкýвер

Задáйте друг дрýгу вопрóсы о важнéйших рекáх на Земле.

Образцóвые конструкции:	1.	—Каковá длинá реки *X*? —Река X имеет длину в X километров.
	2.	—Кудá впадáет река *X*? —Река *X* впадáет в _____.
	3.	—Через какие городá протекáет река *X*? —Река *X* протекáет через _____
	4.	Река *У* в _____? _____ раз длиннее/короче реки *У*.
	5.	Скажите, каковá длина этих рек в милях. 1000 километров = 600 миль 100 километров = 60 миль *(Умножьте километры на 0,6.)*

Exercise 2. Ознакомьтесь со следующей таблицы:

ВАЖНЕЙШИЕ ГОРНЫЕ ВЕРШИНЫ

Название вершины	Наибóльшая высотá (в м)	Пéрвое восхождéние
Джомолýнгма (Эверéст Гималáи)	8848	1953
Канченджáнга (К-2)	8585	1935
Дхуалагѝри	8221	1960
Пик коммунѝзма (Памѝр)	7495	1933
Пик Лéнина	7134	1928
Эльбрýс (Кавкáз)	5642	1829
Казбéк	5047	1868
Монблáн (Альпы)	4807	1786
Маттерхóрн	4477	1865
Нарóдная (Урáльские гóры)	1894	?
Мак-Кѝнли (США)	6193	1913
Уѝтни (Сьéрра-Невáда)	4418	1875

Задáйте друг другу вопросы о важнейших горах на
Земле:

Образцовые конструкции:

1.   —Какова высотá горы *X*?
     —Гора *X* имеет высоту в _?_ километров.
2.   Первое восхождение на гору *X* было
     совершено в _____ -ом году.
3.   Гора *X* в _____?_____ раз выше горы *У*.
4.   Знаете ли вы, как называется человек,
     который лáзает (лáзит) по горам? Знаете ли
     вы, как называется этот спорт?
5.   Скажите, какова приблизѝтельно высота этих
     гор в футах?
               (Умножьте метры на 3.)
6.   В каких странах находятся эти горы?

Exercise 3. Using the patterns below, describe some articles of clothing you recently bought. What types of patterns and colors do you like? Why?

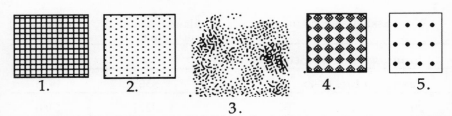

1.   2.   3.   4.   5.

Exercise 4. Give Russian equivalents.

1. The Nile is almost twice as long as the Volga.
2. How long is the longest river in the world?
3. I always try to keep up with the times.
4. I always fall asleep to classical music.
5. I saw them walking along and holding hands.
6. Give me five 45 kopek stamps and two 2-kopek stamps, please.
7. How much are apples?
8. Read the following to yourselves.
9. A man about 6 feet tall came into the room and took her away.
10. How much older than his wife is he?
11. She's the spit and image of her aunt.
12. The price of bread decreased by 10 cents.
13. Where did you get that horrible white striped tie?
14. I'd say that she's about as tall as you.
15. I need to get a Russian dictionary and a good text on Russian grammar.
16. Fake fur coats are very popular these days.
17. What are you shouting so loudly for?
18. I can't wait for them to arrive.
19. I don't like soup with noodles.
20. "She has a horrible personality." "Well, she just takes after her father."
21. That's a lot better.
22. What floor is the Russian department on?
23. When is our next Russian test?
24. What's this coat lined with?
25. Watch out, or else you're going to get the worse end of this deal.

Appendixes

Nouns with "Second Locative" Endings

ад — в аду́
аэропорт — в аэропорту́
бал — на балу́
бег — на бегу́
берег — на берегу́
бой — в бою́
бок — на боку́
борт — на борту́
быт — в быту́
век — на веку́
верх — на верху́
ветр — на ветру́
вид — на виду́, в виду́
глаз — в глазу́, на глазу́
год — в году́
гроб — в гробу́
долг — в долгу́
дом — на дому́
дым — в дыму́
клей — в клею́, на клею́
кол — на колу́
круг — в кругу́, на кругу́
лёд — на льду, во льду
лес — в лесу́
луг — на лугу́
мех — на меху́, в меху́
мозг — в мозгу́
мост — на мосту́
мох — во мху, на мху
нос — на носу́, в носу́
пах — в паху́
пир — в пиру́
плен — в плену́
плот — на плоту́
пол — на полу́
полк — в полку́
порт — в порту́
пост — на посту́
пот — в поту́

пруд — в пруду́
рай — в раю́
ров — во рву́
ряд — в ряду́
сад — в саду́
свет — в свету́
снег — в снегу́, на снегу́
сок — в соку́
строй — в строю́
таз — в тазу́
ток — на току́
тыл — в тылу́
угол — в углу́, на углу́
ход — в ходу́, на ходу́
цвет — в цвету́
чай — в чаю́
час — в часу́
шёлк — в шелку́, на шелку́
шкаф — в шкафу́, на шкафу́
яр — в яру́

───────────────

глушь — в глуши́
грудь — в груди́
грязь — в грязи́
даль — в дали́
дверь — в двери́, на двери́
        (и в две́ри)
ночь — в ночи́
печь — в печи́, на печи́
        (и в пе́чи)
пыль — в пыли́
связь — в связи́
        (и в свя́зи)
степь — в степи́
тень — в тени́
цепь — на цепи́, в цепи́

OVERVIEW OF PREPOSITIONS SHOWING SPATIAL RELATIONSHIPS

Preposition	Denotes	English Equivalents	Questions Answered	Case	Antonyms	Discussion
В	destination into	in	Куда?	ACC	ИЗ+GEN	§1
	location at	in(side); at	Где?	PREP	ИЗ+GEN	§1
НА	destination (onto);	on, to	Куда?	ACC	С+GEN	§1
	location at (on top of)	at, on (top) of	Где?	PREP	С+GEN	§1
К+non-animate	direction of motion	toward	Куда?	DAT	ОТ+GEN	§3
К+animate	destination (with animate)	to; to see	Куда?	DAT	ОТ+GEN	§2
ЗА	direction of motion to position in back of; location in back of	behind, in back of	Куда? and Где?	ACC and INST	ИЗ–ЗА+GEN; ПЕРЕД+INST	§4.3; §4.7
ПОЗАДИ	direction of motion to position in back of; location in back of	behind, in back of	Куда? and Где?	GEN.	ИЗ–ЗА+GEN ВПЕРЕДИ	§4.3.1; §4.4; §4.7
ПЕРЕД	direction of motion to position in front of; location in front of	before, in front of	Куда? and Где?	INST	ЗА+INST	§4
ВПЕРЕДИ	direction of motion to position in front of; location in front of	before, in front of	Куда? and Где?	GEN	ПОЗАДИ; СЗАДИ+GEN	§4; §4.3.1
ПОД	direction of motion to position beneath; position beneath	under, below, underneath	Куда? and Где?	ACC and INST	ИЗ–ПОД+GEN НАД+INST	§4.1; §4.7
ПОД+name of city	location close to or motion to a location in near proximity to	near, on the outskirts of	Куда? and Где?	ACC and INST		§5.5
НАД	direction of motion to position above; location above	over, above	Куда? and Где?	INST	ПОД+INST	§4.1; §4.2

ЧЕРЕЗ	motion over and across[1] from one side to the other or through	*across, over, through*	Куда?	*ACC*	none	§8
СКВОЗЬ	motion through	*through*	Куда?	*ACC*	none	§8
ПО	motion along/across the surface of; location throughout	*along, about, all over, through(out), across*	Где?	*DAT*	none	§7
ПО	terminal point of a distance measured vertically	*to, up to (the)*	До каких пор?	*ACC*	none	§9.8
ОКОЛО, ВОЗЛЕ	position, or motion to a position close to or along side of	*beside, next to, near*	Куда? and Где?	*GEN*	none	§5.1
МИМО	movement past an object	*by, along*		*GEN*	none	§5.6
ВДОЛЬ	location or motion along the side of an object	*along, alongside*	Куда? and Где?	*GEN*	none	§5.6.1
У+non-animate complement	position, or motion to a position close to or along side of	*beside, next to, near, by*	Куда? and Где?	*GEN*	none	§5.1
У+animate	location at the place/home of/in the possession of	*at*	Где?	*GEN*	ОТ+*GEN*	§2
ПРИ	location close to, on the property of	*beside, next to, near*	Где?	*PREP*	none	§5.2
РЯДОМ С	position, or motion to a position close to or along side of	*beside, next to, near*	Куда? and Где?	*INST*	none	§5.1
МЕЖДУ	position or motion to a position between	*between, among*	Куда? and Где?	*INST* and *GEN*	none	§4.5
ПРОТИВ НАПРОТИВ	position or motion to a position opposite	*opposite, across (from)*	Куда? and Где?	*GEN*	none	§4.6
ДО	motion up to or as far as	*to; as far as*	Куда? and Где?	*GEN*	none	§9.1, 9.6, 9.7

[1]Location across is expressed by поперёк.   *Поперёк доро́ги лежа́ло бревно́.*

OVERVIEW OF PREPOSITIONS SHOWING TEMPORAL RELATIONSHIPS

Preposition	Denotes	English Equivalents	Questions Answered	Case	Antonyms	Discussion
ЗА (В)	time period within which verbal action is brought to completion	in, within	За сколько времени?	ACC	none	§4
ЗА+meal	time period during which verbal action occurs	at, during	Когда?	INST	none	§5.18
ВО ВРЕМЯ	time period during which verbal action occurs	during	Когда?	GEN	none	§5.17
В ТЕЧЕНИЕ	time period during which verbal action occurs	during	Когда?	GEN	none	§5.17
В НА	time period during which verbal action occurs	in, on, at (often no preposition used in English)	Когда?	ACC and PREP	none	§5.1—§5.16
ПРИ	time period during which verbal action occurs	during, under, while	Когда?	PREP	none	§5.19
ЧЕРЕЗ СПУСТЯ	time period preceding verbal action	in, later, from now	Когда?	ACC	none	§6.1
НА	time period encompassed by result of verbal action	for	На сколько времени?	ACC	none	§6.2
ДО	indefinite time before time denoted by complement	before	Когда?	GEN	ПОСЛЕ+GEN	§7.1, §7.6
ПЕРЕД	brief time before the time denoted by complement	(just) before	Когда?	INST	ПОСЛЕ+GEN	§7.3, §7.6
ПОД	time immediately before the time denoted by complement	just before	Когда?	ACC	ПОСЛЕ+GEN	§7.4, §7.6
К	time before and close to the time denoted by complement	by, around	Когда?	DAT	ПОСЛЕ+GEN	§7.5, §7.6

	Description	Meaning	Question	*PREP*	*ДО+ GEN ПЕРЕД+ INST*	Section
ПО	time after the time or event denoted by complement	*after*	Когда?			§7.7
С	time of the inception of verbal action	*since, from*	Сколько времени? С каких пор?	*GEN*	none	§7.9
С¹ ОКОЛО	approximate time of duration of verbal action	*about, around*	Сколько времени?	*С+ACC* *ОКОЛО+GEN*	none	§3.4e §3.4b

---

[1]With single units of time only.

B+*PREP* vs. B+*ACC in Time Expressions*

B+PREPOSITIONAL	B+ACCUSATIVE

1. Periods of Age / Life:
в де́тстве   в ра́ннем де́тстве
в ю́ности   в ра́нней ю́ности
в мо́лодости   в ра́нней мо́лодости
в ста́рости   в глубо́кой ста́рости
but: на ста́рости лет *in one's old age*
в мое́й жи́зни
В како́м во́зрасте?   *At What Age?*
      В зре́лом во́зрасте
      В шестиле́тнем во́зрасте.	

2. Months, Years, Centuries
See §5.7; §5.9; §5.10
   В како́м ме́сяце?
     в ма́е, в апре́ле, в сентябре́
     в ма́е ме́сяце
   В како́м году́? В каки́х года́х?
   В э́том (про́шлом, бу́дущем) году́.
 	
   В тридца́тых года́х.   *OR:*
 	
   в 1967-68-ом года́х (*в ты́сяча*
   девятьсо́т шестьдеся́т
   седьмо́м-восьмо́м года́х)
 	
   В како́м ве́ке? В како́м столе́тии?
     в двадца́том ве́ке.
     в Восемна́дцатом столе́тии
	в ме́сяц его́ рожде́ния
	the month of his birth
	в год моего́ прие́зда
	the year of my arrival
	в пе́рвый год на́шего знако́мства
	в тридца́тые го́ды
	
	в студе́нческие го́ды
	
	в де́тские го́ды = в де́тстве
	
	в а́томный век
	в сре́дние века́

3. Other Periods of Time
   в про́шлом *in the past*
   в настоя́щем *in the present*
   в бу́дущем   *in the future*
   в дальне́йшем *henceforth*
   в дре́вности *in days of old*
 	
   в нача́ле *at (or in) the beginning*
   в середи́не *in the middle*
   в конце́   *in the end*
 	
   в пе́рвом семе́стре *in, during the*
                first semester
 	
   В кото́ром часу́? (See §1.1.8.b)
 	
   в тре́тьем часу́
   в полови́не тре́тьего
	BUT в настоя́щее вре́мя *at the present*
	          time, at present, now, presently
	
	BUT в старину́ *in days of old*
	                in olden times
	
	в ца́рствование Екатери́ны Второ́й
	в хоро́шую пого́ду (*see §5.13*)
	в эпо́ху
	в (Леднико́вую) э́ру
	в пери́од
	в сле́дующий раз *or* сле́дующий раз
	в э́тот раз *or* на э́тот раз
	в пе́рвый раз *or* пе́рвый раз
	в после́дний раз *or* после́дний раз
	в э́ту/ту секу́нду
	в э́ту/ту мину́ту
	в э́тот час
	в любу́ю секу́нду
	в э́то/то у́тро
	в э́тот/тот день
	в э́тот/тот ве́чер
	в э́ту/ту ночь
	в день моего́ рожде́ния
	в любо́е у́тро
	в оди́н прекра́сный день